GABRIELA ALMEIDA

INCLUSÃO, ATO DE HUMANIDADE

Políticas e Práticas de Inclusão na Educação Brasileira

Freitas Bastos Editor

Copyright © 2022 by Gabriela Almeida.
Todos os direitos reservados e protegidos pela Lei 9.610, de 19.2.1998.
É proibida a reprodução total ou parcial, por quaisquer meios,
bem como a produção de apostilas, sem autorização prévia,
por escrito, da Editora.

Direitos exclusivos da edição e distribuição em língua portuguesa:

Maria Augusta Delgado Livraria, Distribuidora e Editora

Editor: *Isaac D. Abulafia*
Diagramação e Capa: *Julianne P. Costa*

Dados Internacionais de Catalogação na Publicação (CIP) de acordo com ISBD

A447i	Almeida, Gabriela
	Inclusão, ato de humanidade: políticas e práticas de inclusão na educação brasileira / Gabriela Almeida. - Rio de Janeiro, RJ : Freitas Bastos, 2022.
	98 p. ; 15,5cm x 23cm.
	Inclui bibliografia.
	ISBN: 978-65-5675-169-6
	1. Educação. 2. Políticas de inclusão. 3. Inclusão escolar. I. Título.
2022-2121	CDD 371.9046
	CDU 376

Elaborado por Odilio Hilario Moreira Junior - CRB-8/9949

Índices para catálogo sistemático:
1. Educação : Inclusão escolar 371.9046
2. Educação : Inclusão escolar 376

Freitas Bastos Editora
atendimento@freitasbastos.com
www.freitasbastos.com

A AUTORA

GABRIELA ALMEIDA

Formada em Pedagogia pela Universidade Nove de Julho, em Letras na Faculdade Facese, pós-graduada em Antropologia pela Universidade Unyleya e estudante de Neuropsicopedagogia no Centro Universitário Uninter.

Iniciou sua carreira na área da educação em 2013 sendo Orientadora Socioeducativa em uma Associação de Mulheres do bairro Jova Rural, no município de São Paulo. Depois estagiou como professora em algumas escolas particulares, até se formar no final de 2015. Em 2016 ingressou como professora titular em um CEI, o qual ficou até o ano de 2019, quando foi morar em Natal para cursar a pós-graduação. Em 2020 atuou como professora do ensino fundamental I, no fim do mesmo ano e no início de 2021 foi palestrante pela Congress.me e Pedcon em um evento *online* chamado de semana da educação, com o tema "A importância da relação entre professor e aluno no processo de aprendizagem ". Atualmente, leciona no CEI Jardim Cabuçu como professora de desenvolvimento infantil.

SUMÁRIO

INTRODUÇÃO ... 1

Capítulo 1
INCLUSÃO NAS PRIMEIRAS
CIVILIZAÇÕES ... 3

Roma ... 5
Grécia ... 5
Hebreia ... 7
Egito ... 7

Capítulo 2
O SENTIDO CONOTATIVO DA
PALAVRA INCLUSÃO ... 9

Capítulo 3
O SIGNIFICADO DE INCLUSÃO NA ESCOLA ... 15

Capítulo 4
O QUE É EDUCAÇÃO INCLUSIVA? ... 25

Capítulo 5
A REALIDADE DA INCLUSÃO NAS ESCOLAS
PÚBLICAS E PARTICULARES ... 32

Jogos e brincadeiras _____ **39**

Adaptadores especiais para material pedagógico
inclusivo _____ **40**

1988 - Constituição da República _____ **43**

1989 - Lei nº 7.853/89 _____ **43**

1990 - Estatuto da Criança e do Adolescente (ECA) _____ **43**

1994 - Declaração de Salamanca _____ **44**

1996 - Lei de Diretrizes e Bases da Educação
Nacional (LDB) _____ **44**

2000 - Leis nº 10.048 e nº 10.098 _____ **44**

2001 - Decreto nº 3.956 (convenção da Guatemala) _____ **45**

Constituição da República _____ **45**

Capítulo 6
COMO SERIA UMA EDUCAÇÃO INCLUSIVA
DE QUALIDADE? _____ **46**

Serviços que fazem parte das políticas e
práticas da educação inclusiva, de acordo com
o documento da PNEE e o portal do MEC _____ **47**

Capítulo 7
FORMAÇÃO DE PROFESSORES PARA A
EDUCAÇÃO INCLUSIVA _____ **54**

Conhecimento _____ **61**

Pensamento Científico, Crítico e Criativo _____ **61**

Repertório Cultural _____ **61**

Comunicação _____ **61**

Cultura Digital _____ **61**

Trabalho e Projeto de Vida _____ **62**

Argumentação ou Autogestão _____ **62**

Autoconhecimento e Autocuidado **62**

Empatia e Cooperação **62**

Responsabilidade e Cidadania **63**

Método Tradicional **63**

Método Construtivista **64**

Metodologia Socio-Interacionista **64**

Método Montessoriano **64**

Método Waldorf **65**

Professores Portadores de Necessidades Especiais **71**

Capítulo 8
ESCOLAS MODELOS NO BRASIL **73**

Institutos, Associações e Escolas Especializadas na Educação Especial **74**

REFERÊNCIAS **83**

INTRODUÇÃO

No mundo atual, cobertos de informação por todos os lados, tecnologia em alta e o compartilhamento de ideias e ideologias, tornou tudo mais acessível, e a todo instante ouvimos falar de "Inclusão" e seus desdobramentos pela história. Enquanto seres humanos, temos a consciência de que tudo o que ocupa um espaço e está vivo em nosso planeta tem direitos a serem cumpridos e respeitados, afinal nós estamos aprendendo a coexistir. Porém, o que faz com que que uma sociedade seja inclusiva? Em um mundo onde há tantas diferenças entre os seres humanos, como garantir que todos tenham os mesmos direitos?

Já vimos que dentro da história da humanidade o que nos difere é o que mais gera rancor, ódio, guerra. As diferenças humanas, tanto físicas quanto mentais, conseguem criar uma grande fissura entre diferentes povos, e principalmente dentro de uma sociedade.

Hoje em dia, nós sabemos que temos os direitos básicos, como saúde, moradia e escola, mas também sabemos que mesmo sendo direitos estabelecidos por lei, não é garantido a todos, não há espaço para todos na sociedade. E muitas vezes esse espaço foi motivo de movimentos, lutas e confrontos ao longo do tempo, na educação não foi diferente. No Brasil e no mundo, a educação ganhou várias formas de ser feita, muitas vezes algo só para pessoas de altas classes, outras vezes algo distinto sem importância. Depois de muitas reformas, chegamos à conclusão de que a escola deve estar presente na vida de todas as crianças e adolescentes, deve funcionar de maneira a educar as gerações futuras a olhar as diferenças como garantia de avanço e desenvolvimento na sociedade. Na verdade, a educação deve fluir para todas as crianças como base de entendimento e aprendizagem não só de conteúdo pedagógico, mas também de vivência social, já que as interações geradas nas escolas são de suma importância para o desenvolvimento cognitivo de uma pessoa.

As políticas e práticas de inclusão são uma forma de garantir que o direito de frequentar a escola seja mais que estar matriculado em uma instituição de ensino. A criança, adolescente, adulto e idoso que estiver dentro uma unidade escolar deve ser visto como único, com necessidades próprias de aprendizagem, deve ter suas habilidades exploradas com diversos recursos e metodologias, independente das suas limitações. A educação deve ultrapassar as paredes de uma instituição de ensino e se tornar presente em diversos lugares.

Não deve haver barreiras para o conhecimento, assim também como não deve haver barreiras para a aprendizagem. O espaço educativo pode ser construído fora de uma estrutura escolar, podemos ensinar e aprender dentro da sala de aula, assim também como podemos estar em uma tribo, em um campo, em uma biblioteca, dentro de casa, em parques ecológicos ou museus, só precisamos de alguém que nos enxergue além das aparências e que transforme as nossas limitações e dificuldades em oportunidades para o caminho até o conhecimento. Se um país conseguir fazer uma educação inclusiva de qualidade, terá como consequência uma sociedade que inclui.

Capítulo 1
INCLUSÃO NAS PRIMEIRAS CIVILIZAÇÕES ——

A palavra "Inclusão" vem do latim *"Includere"*, de *in* "em" e *cludere*, "fechar", ou seja, é o mesmo que fechar, inserir, rodear, colocar dentro algo que esteja fora. No dicionário Michaelis *online*, "inclusão" tem por significado, ato ou efeito de incluir(-se); introdução de uma coisa em outra, de um indivíduo em um grupo etc.; inserção. Em termo educacional, também retirado do dicionário Michaelis *online*, podemos encontrar a definição da palavra no seguinte termo "Política educacional que consiste em incluir indivíduos com necessidades especiais em turmas consideradas regulares, fazendo-os participar de atividades não só educacionais, mas também comunitárias, esportivas e sociais".

Saindo do princípio denotativo da palavra "Inclusão", e levando em consideração a evolução humana diante de diversos cenários, crenças, costumes e leis distintas ao redor do mundo, a análise que nos remete é que em milhares de anos a humanidade busca viver com dignidade e evoluir corpo e mente para sobreviver através dos tempos, porém, nesse meio, principalmente as pessoas que eram portadoras de necessidades especiais, antes de terem sua dignidade e seus direitos reconhecidos pela comunidade que ali estavam inseridos, passaram anos lutando para serem considerados ao menos pessoas e humanos.

A palavra ou seu significado não é algo novo em sociedade, aliás o ato de não incluir uma pessoa que não está nos padrões de uma sociedade, é presente desde as mais antigas comunidades.

Otto Marques da Silva é o autor da obra "A Epopeia Ignorada" (2009), e retrata que "anomalias físicas ou intelectuais, deformações congênitas, amputações traumáticas, doenças graves e de consequências incapacitantes, sejam elas de natureza transitória ou permanente, são tão antigas quanto a própria Humanidade", o que nos remete que deficiências humanas sempre se fizeram presente na história da evolução humana. Muitas vezes, por questões de limitação da inteligência e da razão, ter certas necessidades especiais dificultava a sobrevivência dos grupos, o que, por um lado, causava práticas de exclusão e até a eliminação dessas pessoas, para que o resto da comunidade pudesse seguir.

Livro: A Epopeia Ignorada de Otto Marques da Silva – Imagem Retirada da Web

E assim, foram, mesmo depois de passada a Era Paleolítica e Neolítica, e o surgimento das primeiras grandes sociedades, principalmente na Europa e o avanço e desenvolvimento físico e mental do homem, aprendendo novas práticas, não só de sobrevivência, mas também de organização social, a prática de abandono e eliminação de pessoas portadoras de necessidades especiais era algo natural e comum, pois se acreditava que ter indivíduos fora do padrão social na comunidade seria um fardo para todos os outros.

Roma

Há vários escritos e relatos de que na Roma Antiga, havia leis específicas para o reconhecimento de direitos de recém-nascidos, que eram praticadas a partir da circunstância de condição da criança, ou seja, aquele que não possuísse o padrão da sociedade ao nascer, não era digno dos direitos romanos.

José Carlos Moreira, em seu livro "Direito Romano" (2010, p. 99), salienta que,

> "inobstante a alusão nos textos jurídicos à chamada "forma humana", nenhum deles apresentava uma definição ao termo, mas que "aquele que não a possuísse era considerado *monstrum, prodigium* ou *portentum* (palavras geralmente usadas como sinônimas)".

Assim, sobre essas hipóteses, os romanos consideravam "monstros", seres nascidos com configuração animal, pois acreditavam no ser híbrido ou inumanos da união entre animal e mulher, ou quando apresentavam deformidades externas. Dessa forma, a criança nem sequer tinha direito a vida, e os próprios pais, de acordo com a Lei das Doze Tábuas (450-449 a.C.), poderia exterminar o filho que possuísse essa aparência. Porém, muitos pais, negando esse direito da Quarta Tábua I – que se tratava do pátrio poder e do casamento –, escolhia deixar as crianças em cestos colocados às margens do rio Tibre, ou outros locais considerados sagrados, onde poderiam ser recolhidos por exploradores para serem esmoleiros e para outras práticas ilegais, como prostituição.

Grécia

Na Grécia Antiga, principalmente em relação à mitologia grega, os personagens deuses do Amor e da Fortuna, são descritos com uma deficiência visual, muito pelo que a história dos dois e o conceito de amor e riqueza nos traz até hoje. Mais adiante na história, encontramos o poeta e filósofo Homero, autor de Ilíada, que, segundo relatos, era cego e deu vida ao personagem de Hefesto – Ferreiro Divino – que, de acordo com as gravuras, possuía uma deficiência física. Porém, a Grécia não era um modelo de inclusão, muito menos de entender como "humanos" as pessoas portadoras de necessidades especiais.

Otto Marques da Silva, em sua obra "A Epopeia Ignorada – A pessoa Deficiente na História do Mundo", fala sobre o tratamento ignorado às pessoas com eficiência na cultura grega, além do abandono ou sacrifício.

Imagem retirada do site https://institutoitard.com.br/10-fatos-da-
-historia-da-educacao-especial-que-voce-precisa-saber/

Segundo ele, na cidade de Esparta, os recém-nascidos eram levados a uma comissão julgadora, onde determinava as condições normais para a época. Se a criança estivesse dentro dos padrões, sendo considerado belo e forte, cabia à família criá-la até os sete anos e depois entregá-la ao Estado, para que fosse dada a continuação na educação, o que incluía ser preparada para a arte da guerra. "Mas, se fosse julgado como feio, disforme ou franzino, a própria comissão se encarregava do sacrifício, que era executado em um abismo, onde as crianças eram atiradas a mais de 2 mil metros de altura, um lugar chamado Apothetai, que significava "depósitos", situado na Cadeia de Montanhas chamada Taygetos, próximo a Esparta." (SILVA, 2009)

Platão também nos remete a um pensamento em sua obra "A República", onde traz como visão uma sociedade ideal para a Grécia.

> Pegarão então nos filhos dos homens superiores, e levá-los-ão para o aprisco, para junto de amas que moram à parte num bairro da cidade;

os dos homens inferiores, e qualquer dos outros que seja disforme, escondê-los-ão num lugar interdito e oculto, como convém. (2010, p. 155).

Hebreia

Para os Hebreus, antiga civilização que tem grande importância na história, principalmente devido ao seu vínculo com o Egito e anos depois reconhecido pelas leia de Moisés, as deficiências físicas e mentais e as doenças crônicas, eram resultadas de impureza ou de pecado, e como consequência, era hábito do povo marginalizar esses indivíduos e deixá--los por viver separado da sociedade, longe de suas cidades, para que não contaminassem o resto do grupo.

Egito

Mas nem todas as civilizações praticavam a eliminação de pessoas portadoras de necessidades especiais. Em controvérsia, no Antigo Egito, não há relatos de maus tratos ou eliminação de pessoas "deficientes". Pelo contrário, mesmo acreditando que muitas das deficiências físicas e mentais eram causadas por espíritos malignos, a medicina egípcia evoluía com o estudo dessas patologias. Segundo o livro "A Epopeia Ignorada", de Otto Marques da Silva, 2009 p. 34: *"O papiro de Ebers, que hoje é Patrimônio da Universidade de Leipzig, tem o comprimento de pouco mais de 20 metros – talvez correspondente a 110 páginas – e foi descoberto no Egito em 1873, na necrópole de Tebas, pelo egiptólogo Ebers, que imediatamente o traduziu. É provavelmente o mais considerável de todos os documentos escritos sobre a medicina egípcia. Contém numerosos pequenos tratados que remontam a quinze séculos antes de Cristo, com fórmulas para tratar doenças das mais variadas, incluindo algumas que podem levar ao estabelecimento de uma deficiência física ou sensorial, como males dos olhos, problemas de ouvido, dos membros, dos vasos, da cabeça. Além disso, inclui tópicos importantes sobre ferimentos, queimaduras e fraturas e outros."*

Anões e cegos no Antigo Egito — Imagem retirada da Web

Muitas das civilizações antigas tinham seus métodos para identificar uma pessoa que estivesse fora do padrão por determinada anomalia física ou mental, e por muitos anos, eram deixadas à margem da sociedade ou exterminadas das mais diversas formas. Porém, outros grupos sociais, como o Antigo Egito, usavam essa diferença para servir como objeto de estudo da medicina e assim avançar a sua evolução.

Anos depois, em pleno século XXI, ainda temos uma visão embaçada sobre o que realmente é a "inclusão". Está baseada somente em torno de direitos da pessoa com deficiência? A sociedade de hoje é preparada para acolher e aceitar esses indivíduos de forma que não faça distinção e nem menospreze a capacidade de viver em sociedade de forma natural? Há outros tipos de inclusão sem ser com pessoas portadoras de necessidades especiais?

Muitas questões nos levam há várias opiniões e teses sobre o comportamento da sociedade que se diz moderna e avançada, porém, principalmente no Brasil, temos outra realidade, a que envolve assuntos de cunho social, étnico racial, divisão de classes, escolaridade, gênero e opção sexual.

Capítulo 2
O SENTIDO CONOTATIVO DA PALAVRA INCLUSÃO

No capítulo anterior, observamos que o significado denotativo da palavra "Inclusão", de forma geral, significa inserir dentro o que está fora, e de acordo com alguns pensadores, afirmamos que muitas pessoas das antigas civilizações não tiveram nem o direito à vida, pois estavam fora dos padrões para sobreviver ao mundo hostil nas Eras antigas. Sendo assim, foram milhares de anos para os indivíduos portadores de necessidades especiais serem considerados ao menos humanos, para terem algum direito garantido.

Porém, inclusão vai muito além de ser somente garantir direitos às pessoas portadoras de necessidades especiais. Há muitas outras questões que foram surgindo junto com a evolução humana que precisam ser consideradas hábeis de julgamento para a melhoria da sociedade mundial.

Não são só pessoas com "deficiência", seja física ou mental, que necessitam ter seus direitos reconhecidos em sociedade.

O mundo em si é feito de extremos, riqueza e pobreza, saúde e doença, inclusão e exclusão. Todos nós, ou ao menos, a maior parte de nós, já se sentiu excluído ou já presenciou alguém próximo ser descriminalizado pela sociedade.

Então, se a sociedade se apresenta tão má, desde os primórdios, o que é a inclusão e suas práticas políticas nos dias atuais?

Inclusão social é o termo utilizado para garantir que pessoas que ficam a margem da sociedade tenham seus direitos respeitados e exercidos como, saúde, moradia, emprego, lazer, cultura, educação, entre outros. Assim, as práticas inclusivas são modificações feitas pelo governo para que a inclusão social aconteça.

A partir do ano de 1948, a inclusão social começou a ganhar espaço e importância, principalmente por causa da Declaração Universal dos Direitos Humanos (ONU), através de debates para combater comportamentos discriminatórios, visando o combate a segregação social e a democratização de espaços e serviços para os que não possuem acesso.

A inclusão social no Brasil, acontece principalmente pelas políticas públicas, algumas denominadas de política de ações afirmativas, que são iniciativas do Estado para obliterar desigualdades que perduram até os dias atuais e garantir e assegurar a igualdade social.

Um exemplo dessas práticas é a cota racial existente nas universidades, que garantem que uma porcentagem das vagas disponibilizadas seja voltada a pessoas negras, no sentido de que, por razões históricas, possui maiores insuficiências materiais para cursar o nível superior. Outra prática social de inclusão são as vagas destinadas a PCD (pessoas com deficiência), ou a idosos que algumas empresas estão adquirindo, garantindo o emprego na 3ª idade. Há ainda, programas de distribuição de alimentos e agasalhos para moradores de rua, piso tátil para pessoas com deficiência visual ou baixa visão, entre outros.

Assim, existem várias práticas de inclusão social que são conhecidas em território nacional, principalmente em ambiente escolar, porém, sabemos que em muitos lugares do nosso país e do mundo, a teoria existe, há legislação para isso, mas não se têm essas práticas supervisionadas, o que faz com que sejam feitas sem planejamento e até reduzindo verba ou não sejam cumpridas.

Em um país que se difere em tantas raças, classes sociais, culturas e costumes, a inclusão é um tema sempre atual, pois o combate à exclusão dessas diversas formas grita aos nossos ouvidos sociais a todo momento. É como se o brasileiro lutasse uma desigualdade por dia.

A inclusão social se dá a todo momento e em todos os setores da nossa sociedade. Em todos os lugares podemos ver programas que visam a melhoria de um ambiente ou de uma prática para que a igualdade ocorra. Porém, as leis, as ideias e os projetos, infelizmente, não garantem que a sociedade seja igualitária e muito menos, justa. Quando se fala de inclusão, cada indivíduo apresenta uma forma que julga ser o certo a fazer, mas, esse opinar e argumentar vai muito mais além de uma visão unitária, singular. Só será realmente inclusão, se de fato, a pessoa que se sente à margem da sociedade, conseguir ser vista da mesma forma que o todo. Isso acontece nas empresas, em hospitais, no trânsito, em uma fila de um caixa, festas, áreas de lazer, na vizinhança e, principalmente, na escola.

No capítulo anterior, foi comentado que as sociedades mais antigas já tinham um parecer sobre as pessoas que não eram julgadas como normais. Dentro da história humana, o próprio homem tem o hábito de querer impor a sua verdade e agir de acordo com o que acha que está correto segundo o que acredita. Nessas antigas sociedades, a comunidade se livrava das pessoas com anomalias, doentes ou com a mobilidade reduzida, sem ao menos acreditar que poderiam estar erradas. Milhares de anos depois, muitos de nós ainda cultivam esse sentimento, mesmo não expondo suas opiniões, a nossa sociedade continua acumulando pré-conceitos sobre os que não se encaixam em padrões sociais. Podemos citar várias lutas sociais ao longo do tempo, que já foram reconhecidas, mas, mesmo assim, ainda há muito sofrimento.

A luta do negro ao ter sua suposta liberdade concedida em maio de 1888, para ter um espaço social e conseguir sobreviver, sem emprego, sem documentos, sem moradia, sem itens básicos, somente sua história e olhos de repúdio do resto da sociedade, teve que subir os morros e popular ali, outros aceitaram continuar o trabalho nas fazendas. Que liberdade é essa que não garante direitos? Incluir o negro afro-brasileiro teria que ser muito mais do que um documento assinado. Os impactos dos 300 anos de escravidão brasileira – sem falar da luta afro em outros países, como nos Estados Unidos – são refletidos até hoje, onde o negro ainda sofre a discriminação pela cor de sua pele, o que garante dificuldade em conseguir um emprego, estudo superior e um status de respeito pela sua sociedade.

As mulheres queimadas em 1911, na fábrica de roupas Triangle Shirtwaist, em Nova York, garantiu o dia Internacional da Mulher reconhecido pela ONU, porém a data do dia 8 de março já era utilizada por movimentos femininos para lembrar a luta pelos direitos das mulheres, mas não garantiu que a sociedade universal visse as mulheres com os mesmos direitos do homem. O que faz com que até hoje, colhamos os frutos negativos dessa discriminação por gênero. O fato de uma mulher ter que estar a serviço de seu marido, filhos e casa, traz a ideia de que ela não é capaz de altos cargos, de se posicionar quanto as suas escolhas do corpo e principalmente de pensar que a ideia de realização nunca será advinda do seu profissional, mas do fato de depender de um companheiro para chegar ao ápice da felicidade. Tantos anos de luta, e hoje, ainda sem estar perto de igualdade de gênero, mas muito melhor do que antes, as mulheres vêm mostrando que a história estava errada e que gênero não faz menção a caráter e capacidade, hoje a mulher sabe que pode ser tudo o que quiser, sem depender de ninguém para isso.

A comunidade LGBTQIA+ também registra uma história de luta contra a discriminação, uma vez que, se a sociedade enxergasse pessoas somente como pessoas, não seria necessário travar uma batalha na garantia de direitos, pois todos nós seríamos julgados de acordo com o rege a Constituição Federal, "todos são iguais perante a lei", assim, não importaria como você se identificasse, se é humano e está em sociedade, seus direitos devem ser respeitados e seus deveres cobrados. Mas, em meio há tantos delitos à comunidade LGBTQIA+, e após muito se imporem, algumas medidas foram tomadas pelo governo federal, como: direito ao trabalho, adoção, casamento, uniões estáveis, nome social, registro de filhos havidos de reprodução assistida, uso do banheiro público, entre outros.

Outra comunidade que está sempre em busca de seus direitos e de ser incluso em sociedade é a indígena. A lei nº 6.001, de 19 de dezembro de 1973, dispõe de:

Art. 1º Esta Lei regula a situação jurídica dos índios ou silvícolas e das comunidades indígenas, com o propósito de preservar a sua cultura e integrá-los, progressiva e harmoniosamente, à comunhão nacional. Parágrafo único. Aos índios e às comunidades indígenas se estende a proteção das leis do País, nos mesmos termos em que se aplicam aos demais brasileiros, resguardados os usos, costumes e tradições indígenas, bem como as condições peculiares reconhecidas nesta Lei.

Art. 2º Cumpre à União, aos Estados e aos Municípios, bem como aos órgãos das respectivas administrações indiretas, nos limites de sua competência, para a proteção das comunidades indígenas e a preservação dos seus direitos:

- I - Estender aos índios os benefícios da legislação comum, sempre que possível a sua aplicação;
- II - Prestar assistência aos índios e às comunidades indígenas ainda não integrados à comunhão nacional;
- III - Respeitar, ao proporcionar aos índios meios para o seu desenvolvimento, as peculiaridades inerentes à sua condição;
- IV - Assegurar aos índios a possibilidade de livre escolha dos seus meios de vida e subsistência;
- V - Garantir aos índios a permanência voluntária no seu habitat, proporcionando-lhes ali recursos para seu desenvolvimento e progresso;
- VI - Respeitar, no processo de integração do índio à comunhão nacional, a coesão das comunidades indígenas, os seus valores culturais, tradições, usos e costumes;
- VII - Executar, sempre que possível mediante a colaboração dos índios, os programas e projetos tendentes a beneficiar as comunidades indígenas;

- VIII - Utilizar a cooperação, o espírito de iniciativa e as qualidades pessoais do índio, tendo em vista a melhoria de suas condições de vida e a sua integração no processo de desenvolvimento;
- IX - Garantir aos índios e comunidades indígenas, nos termos da Constituição, a posse permanente das terras que habitam, reconhecendo-lhes o direito ao usufruto exclusivo das riquezas naturais e de todas as utilidades naquelas terras existentes;
- X - Garantir aos índios o pleno exercício dos direitos civis e políticos que em face da legislação lhes couberem.

As comunidades indígenas estão em constante batalha, principalmente para ter o direito à moradia, o direito de ir e vir, de estudar, de ter uma vida como os demais cidadãos brasileiros e ainda preservar sua cultura tão significativa para a nossa terra.

Pessoas com deficiência e mobilidade reduzida também tem leis que expõe seus direitos, a lei nº 13.146, de 6 de julho de 2015, afirma que:

Art. 1º É instituída a Lei Brasileira de Inclusão da Pessoa com Deficiência (Estatuto da Pessoa com Deficiência), destinada a assegurar e a promover, em condições de igualdade, o exercício dos direitos e das liberdades fundamentais por pessoa com deficiência, visando à sua inclusão social e cidadania. Parágrafo único. Esta Lei tem como base a Convenção sobre os Direitos das Pessoas com Deficiência e seu Protocolo Facultativo, ratificados pelo Congresso Nacional por meio do Decreto Legislativo nº 186, de 9 de julho de 2008 , em conformidade com o procedimento previsto no § 3º do art. 5º da Constituição da República Federativa do Brasil , em vigor para o Brasil, no plano jurídico externo, desde 31 de agosto de 2008, e promulgados pelo Decreto nº 6.949, de 25 de agosto de 2009 , data de início de sua vigência no plano interno.

Art. 4º Toda pessoa com deficiência tem direito à igualdade de oportunidades com as demais pessoas e não sofrerá nenhuma espécie de discriminação. § 1º Considera-se discriminação em razão da deficiência toda forma de distinção, restrição ou exclusão, por ação ou omissão, que tenha o propósito ou o efeito de prejudicar, impedir ou anular o reconhecimento ou o exercício dos direitos e das liberdades fundamentais de pessoa com deficiência, incluindo a recusa de adaptações razoáveis e de fornecimento de tecnologias assistivas.

Art. 5º A pessoa com deficiência será protegida de toda forma de negligência, discriminação, exploração, violência, tortura, crueldade, opressão e tratamento desumano ou degradante. Parágrafo único. Para os fins da proteção mencionada no caput deste artigo, são considerados especialmente vulneráveis a criança, o adolescente, a mulher e o idoso, com deficiência.

Art. 6º A deficiência não afeta a plena capacidade civil da pessoa, inclusive para:

- I - Casar-se e constituir união estável;
- II - Exercer direitos sexuais e reprodutivos;
- III - Exercer o direito de decidir sobre o número de filhos e de ter acesso a informações adequadas sobre reprodução e planejamento familiar;
- IV - Conservar sua fertilidade, sendo vedada a esterilização compulsória;
- V - Exercer o direito à família e à convivência familiar e comunitária;
- VI - Exercer o direito à guarda, à tutela, à curatela e à adoção, como adotante ou adotando, em igualdade de oportunidades com as demais pessoas.

De acordo com a história da evolução humana, muitas sociedades, como Roma e Grécia, utilizavam das formas mais inumanas para eliminar pessoas que apresentassem alguma deficiência física ou mental, com a justificativa de que seria um fardo e atrapalharia, até mesmo, a sociedade criar uma criança com necessidades especiais. Para tamanha crueldade de pensamento não justificativa que favoreça a opinião de nossos antepassados, porém devemos levar em consideração que havia muito mais crenças limitantes que regiam os governos e contribuíam para que essas decisões fossem tomadas, muitos até tinham medo das deficiências serem contagiosas ou representarem castigos das divindades.

Anos passados e em nossa atual sociedade, mesmo com leis vigentes e muitas até recentes, ainda há um longo caminho a percorrer para garantir que essas pessoas – de todos os grupos sociais mencionados e outros que sabemos que existem – sejam realmente incluídos como cidadãos.

A todos os grupos sociais que enfrentam a discriminação e tem uma falsa justiça proposta pelo governo que nos rege, o que seria inclusão para eles? Ter leis que falam sobre os seus direitos é garantir que serão justos? Ter acesso à sociedade, ser liberto de amarras escravas, sair em passeatas pelas ruas gritando aos quatro ventos sobre o que precisa mudar, isso é ser uma sociedade inclusiva?

Capítulo 3
O SIGNIFICADO DE INCLUSÃO NA ESCOLA

Debater sobre inclusão já é um tema difícil para se colocar em uma sociedade, principalmente a nossa, brasileira, tão distinta em diversas partes, onde a desigualdade está escancarada há muito tempo em nossas faces e o governo que nos rege tão pouco se mostra preocupado em mudar a realidade, imaginemos como é garantir que os direitos e deveres de todos os indivíduos de uma unidade escolar sejam garantidos, cobrados e respeitados sem existir falhas ou desgastes.

A Constituição Federal do Brasil conjectura que a educação é um direito de todos. Segundo o art. 205 e 206 do documento "Direito à Educação – Subsídios para a Gestão dos Sistemas Educacionais" – MEC/SEESP, 2006:

Art. 205. A educação, direito de todos e dever do Estado e da família, será promovida e incentivada com a colaboração da sociedade, visando ao pleno desenvolvimento da pessoa, seu preparo para o exercício da cidadania e sua qualificação para o trabalho.

Art. 206. O ensino será ministrado com base nos seguintes princípios:

- I - Igualdade de condições para o acesso e permanência na escola;
- II - Liberdade de aprender, ensinar, pesquisar e divulgar o pensamento, a arte e o saber;
- III - Pluralismo de ideias e de concepções pedagógicas, e coexistência de instituições públicas e privadas de ensino.

Sendo assim, é dever da sociedade (família, comunidade e governo), garantir que o direito à educação, como um todo, seja aplicado em todo território nacional, sem diferença entre os estados, para garantir que todos os indivíduos expostos ao ensino, seja público ou particular, possa gozar das benfeitorias que a educação promove.

A inclusão escolar não se dá somente com a integração de pessoas com deficiência, seja mental ou física, na escola. Mas de todos aqueles citados anteriormente, que estão à margem da sociedade, não se encaixando no que a concepção de "normal", que temos historicamente, condiz. Ou seja, a escola, tem o dever de ofertar uma educação de qualidade incluindo, deficiências, distúrbios, raça, gênero, orientação sexual, classe social, culturas.

> A importância de fazer do direito de todos à educação um movimento coletivo de mudança aponta para a adoção de políticas públicas inclusivas, para a transformação dos sistemas educacionais e das práticas sociais, que envolvem as relações com as famílias e a comunidade. (Claudia Pereira Dutra – Secretária da Educação, 2006).

Se a escola for capaz de praticar a inclusão de forma significativa, então, consequentemente a sociedade também será capaz de tomar atitudes realmente inclusivas para que as leis que regem essa política possam ser cumpridas.

Isso implica em acolher qualquer indivíduo que seja descriminalizado por alguma necessidade especial, pela sua cultura, raça, gênero, opção sexual e classe social.

Porém, a parte mais tortuosa seria em como ter uma educação inclusiva em rede pública e privada, de forma que se mantenha uma educação de qualidade e, ao mesmo tempo, atenda às diversas necessidades, sem contravir as opiniões, crenças e convicções sociais. Se a escola é para todos, deve abraçar a todos, e esse é o maior desafio que se tem, sendo a nossa sociedade tão única por ser diversa.

Dentro do contexto escolar, a inclusão não pode ser somente garantir o direito à educação, mas visar que esse direito esteja sendo significativo ao estudante e que a escola, os professores, gestores e demais funcionários auxiliem este estudante, de acordo com o Estatuto da Pessoa com Deficiência em julho de 2015:

Art. 1º É instituída a Lei Brasileira de Inclusão da Pessoa com Deficiência (Estatuto da Pessoa com Deficiência), destinada a assegurar e a promover, em condições de igualdade, o exercício dos direitos e das liberdades fundamentais por pessoa com deficiência, visando à sua inclusão social e cidadania.

- Parágrafo único. Esta Lei tem como base a Convenção sobre os Direitos das Pessoas com Deficiência e seu Protocolo

Facultativo, ratificados pelo Congresso Nacional por meio do Decreto Legislativo nº 186, de 9 de julho de 2008, em conformidade com o procedimento previsto no § 3º do art. 5º da Constituição da República Federativa do Brasil , em vigor para o Brasil, no plano jurídico externo, desde 31 de agosto de 2008, e promulgados pelo Decreto nº 6.949, de 25 de agosto de 2009 , data de início de sua vigência no plano interno.

Art. 4º Toda pessoa com deficiência tem direito à igualdade de oportunidades com as demais pessoas e não sofrerá nenhuma espécie de discriminação.

De acordo com a história da evolução humana, muitas sociedades, como Roma e Grécia, utilizavam das formas mais inumanas para eliminar pessoas que apresentassem alguma deficiência física ou mental, com a justificativa de que seria um fardo e atrapalharia, até mesmo, a sociedade criar uma criança com necessidades especiais. Para tamanha crueldade de pensamento não justificativa que favoreça a opinião de nossos antepassados, porém devemos levar em consideração que havia muito mais crenças limitantes que regiam os governos e contribuíam para que essas decisões fossem tomadas, muitos até tinham medo das deficiências serem contagiosas ou representarem castigos das divindades.

Anos passados e em nossa atual sociedade, mesmo com leis vigentes e muitas até recentes, ainda há um longo caminho a percorrer para garantir que essas pessoas – de todos os grupos sociais mencionados e outros que sabemos que existem – sejam realmente incluídos como cidadãos.

Então, o que é a inclusão dentro de uma unidade escolar?

Já sabemos o que é inclusão social, será que as mesmas práticas se aplicam dentro do contexto escolar? Para falar sobre isso, vamos utilizar o termo "Políticas e práticas de Inclusão", o que remete a leis, regimentos, metodologias de como fazer uma educação de qualidade envolvendo todos dentro da escola, sejam alunos, professores, gestores e demais funcionários.

O direito à educação, faz parte dos direitos sociais dos cidadãos brasileiros, reconhecido apenas em 1988 pela Constituição Federal, antes disso, o Estado não tinha obrigação de garantir a educação a todos, o ensino público era tratado como uma assistência para aqueles que não podiam pagar. Na época do Brasil Imperial, em 1824 a constituição estabeleceu entre os direitos civis e políticos a gratuidade da instrução primária, sendo muito básica só ensinava a ler e escrever, a secundária eram as aulas régias – geralmente destinadas à classe média – e o superior destinado às elites.

Em 1834 houve uma reforma que deixava a cargo das províncias o ensino primário e secundário e de formação dos professores e o governo central somente com o ensino superior.

Ulysses Guimarães apresenta a "Constituição Cidadã", promulgada em 1988. Foto: Arquivo ABr/ Gazeta do Povo. Todos os direitos reservados.

Com o fim do Brasil Imperial e o início do Brasil República, em 1889, a educação sofreu mais reformas. Sempre com uma caracterização no ensino de autoritarismo e formalização. As mais modernas vieram na Era Vargas, por volta de 1930, trazendo ideias para criar o Plano Nacional de Educação, mas somente 57 anos depois veio a obrigação do estado a garantir o direito da educação de qualidade ao povo. Hoje, junto com a constituição federal, há mais duas leis que garantem este direito, o ECA (Estatuto da Criança e do Adolescente) – criado em 1990 – e a LDB (Lei de Diretrizes e Bases da Educação) – criada em 1996.

Mas, e as pessoas portadoras de necessidades especiais, estavam inseridas nessas leis sobre a educação? Havia espaço para elas?

Em 1961, a lei nº 4.024 dizia que:

Art. 1º A educação nacional, inspirada nos princípios de liberdade e nos ideais de solidariedade humana, tem por fim:

- a compreensão dos direitos e deveres da pessoa humana, do cidadão, do Estado, da família e dos demais grupos que compõem a comunidade;
- o respeito à dignidade e às liberdades fundamentais do homem;
- o fortalecimento da unidade nacional e da solidariedade internacional;
- o desenvolvimento integral da personalidade humana e a sua participação na obra do bem comum;
- o preparo do indivíduo e da sociedade para o domínio dos recursos científicos e tecnológicos que lhes permitam utilizar as possibilidades e vencer as dificuldades do meio;
- a preservação e expansão do patrimônio cultural;
- a condenação a qualquer tratamento desigual por motivo de convicção filosófica, política ou religiosa, bem como a quaisquer preconceitos de classe ou de raça.

A lei mostrava uma repudia pelo tratamento desigual por motivos de limitação fisiológica, religião, classe social e ração, porém não havia menção de como manter a qualidade de ensino na diversidade da sala de aula. Somente na década de 1970 que foi falado sobre a Educação inclusiva para pessoas portadoras de necessidades especiais. Mas, antes disso, o Brasil já criava escolas voltadas à essas necessidades, lugares totalmente dedicados a superar as dificuldades e garantir que seus alunos tivessem o acesso à educação de verdade. Junto com essas escolas, vieram críticas ao ensino separado, já que a escola é o lugar responsável pela socialização e, ter unidades – públicas e privadas – somente para pessoas portadoras de necessidades especiais era garantir a segregação e a exclusão delas no mundo. Por outro lado, juntar todos no ensino regular sem a estrutura do lugar e a preparação necessária dos professores também não era e não é garantia de inclusão.

Há uma linha tênue das palavras-chave que iniciam a ideia das práticas da inclusão, são elas "exclusão, segregação, integração e inclusão", todas fazem parte da história educacional mundial e nacional, e muitos não sabem a diferença e a importância de entendê-las em ambiente escolar.

Crédito: Governo PR

A exclusão significa não aceitar que pessoas portadoras de necessidades especiais ou que estão à margem da sociedade tenha o direito a educação. Hoje, todos sabem que qualquer criança e adolescente tem esse direito, porém não é garantia de que essa prática não acontece e de que a lei está sendo cumprida.

A segregação acontece quando é oferecido a escolarização para determinado grupo separado do ensino regular, ou seja, muitos acreditam que as escolas destinadas somente a pessoas portadoras de necessidades especiais é uma forma de segregar o indivíduo afastando-o da sociedade. É um assunto delicado de se tratar, uma vez que, sabemos que o nosso país não tem estrutura educacional para garantir que todas as escolas, públicas e privadas, ofereçam qualidade e acessibilidade aos estudantes deficientes ou outra necessidade especial, e ainda ofereçam a segurança necessária para que nenhum deles sofram algum tipo de agressão e discriminação da parte dos outros alunos, professores, gestores e demais funcionários.

Aqui no Brasil, ter escolas voltadas para a educação especial faz com que possamos abrir os olhos para ver o que precisa ser mudado na educação brasileira e lutar para que a inclusão social seja algo sempre em pauta. Essas escolas não foram criadas para apoiar a segregação entre pessoas deficientes e não deficientes, mas para que elas pudessem frequentar uma instituição escolar onde tudo fosse pensado minimamente em suas necessidades, para assim desenvolver seu lado cognitivo e motor, já que o governo federal estabeleceu leis, criou constituições, mas nunca assegurou de fato que a educação abraçaria a todos.

A integração é quando esse grupo de pessoas passa a frequentar a escola de ensino regular, porém tem atividades separadas e até mesmo ficam em salas diferentes dos demais. Cabe aqui ressaltar que a integração também é quando a escola faz a matrícula de um estudante que precisa de uma educação especial, mas não se importa em garantir que isso aconteça, ou seja, matricula o estudante e não faz menção de preparar a sua escola tão sequer seus professores e o material pedagógico. O que faz com que o aluno esteja matriculado regularmente, mas não é beneficiado em nenhum quesito, pois suas necessidades não são atendidas e seu desenvolvimento não é significativo, ele simplesmente está lá, mas não é visto.

INTEGRAÇÃO

Por fim, a inclusão é o ato de se viver em sociedade, ter seus direitos respeitados por ser, simplesmente, humano e fazer parte de um todo como cidadão. Em contexto escolar, é você estar matriculado e inserido em uma instituição de ensino, seja regular ou superior e esta, por sua vez, assegurar que dentro daquele ambiente você terá tudo o que for necessário para que a aprendizagem seja significativa no seu desenvolvimento escolar.

A lei de Salamanca em 1994, na Espanha, veio com o objetivo de fornecer diretrizes básicas para a formulação de uma educação especial de acordo com o contexto de inclusão social, ou seja, essa lei traz o compromisso de reconhecer a necessidade de adotar diversas maneiras da educação em beneficiar seus alunos do ensino regular, não somente as pessoas portadoras de necessidades especiais (físicas ou mentais), mas também todos com necessidades educacionais especiais, o que engloba dificuldades de aprendizagem por motivos sociais e familiares, como o trabalho infantil, o abuso sexual, físico e emocional, pessoas que vivem em extrema pobreza ou estão em estado de desnutrição, vítimas de guerra e conflitos armados, tudo isso reflete na aprendizagem e deve ser acatado pelo governo, pela sociedade e pela instituição educacional.

Levando em consideração o cenário educacional brasileiro, podemos entender o porquê é um grande desafio ter a prática da inclusão e uma educação especial nas escolas brasileiras, sejam públicas ou privadas, todas enfrentam algum tipo de dificuldade para tirar o termo "inclusão" da teoria e praticá-lo no dia a dia, uma vez que, as práticas inclusivas na unidade escolar não são somente para estudantes portadores de alguma deficiência física ou mental, mas para todos que tenham dificuldades de aprendizagem acarretados de problemas sociais ou familiares. É um tema complexo para um país pouco desenvolvido como o nosso.

Em toda a história da educação brasileira, com tantas reformas, é evidente que nunca foi de tamanha importância para o governo, seja Brasil Colônia, Império ou República, que a prole tivesse o privilégio de uma educação de qualidade significativa para formar uma sociedade pensante. A educação brasileira nunca esteve em primeiro plano, e hoje vemos esses reflexos negativos acontecendo através de tantas barreiras que nos impedem de construir um ensino diferencial e qualitativo para toda a população. A começar que no Brasil, segundo o IBGE, em 2019 aproximadamente 1,1 milhão de crianças e adolescentes, com idade entre 4 e 17 anos, estavam fora da escola, cerca de 2,7% da população. O percentual vinha caindo, pois em 2016 eram por volta de 3,9%. Devido a pandemia, a última pesquisa feita em 2020 esse número subiu de 1,1 milhão para 5,1 milhões. A população alega que o maior problema foi o acesso à internet e à tecnologia.

Um triste cenário que reforça que a inclusão social não acontece de fato, num país com tamanho continental, o Brasil ainda possui muita pobreza o que resulta em dificuldades que para alguns são detalhes, como o acesse à tecnologia. Na cidade de São Paulo, assim como em outras do território nacional, há muitas escolas que usam da tecnologia em sala de aula, para deixar as atividades mais dinâmicas, construtivas e interessantes, porém em outros lugares, a população ainda lida com escolas de lata, barro, sem nenhum tipo de recursos, onde mal se encontra uma lousa e um giz, quem dirá a internet ou qualquer outra prática educacional.

A prática inclusiva dentro da escola, vai muito além de ter intérpretes, material especializado, rampas de acesso e elevadores. A escola inclusiva é aquela que, verdadeiramente, pensa na singularidade de cada indivíduo, sejam eles alunos, professores, funcionários da limpeza, cozinha e gestores. Todos precisam praticar e estar inseridos no contexto da inclusão.

Capítulo 4
O QUE É EDUCAÇÃO INCLUSIVA?

Antes da lei de Salamanca em 1994, o mundo já passava por algumas reformas sociais, o que incluía a educação. Junto com o movimento Renascentista europeu, nos séculos XV e XVI vieram os primeiros médicos e educadores a se envolver nos direitos e deveres das pessoas com deficiência. Mas foi somente a partir da queda do feudalismo e do desencadeamento da Revolução Francesa, no século XVIII, em um quadro político estrutural-organizacional e as ideias do liberalismo – trazia consigo cinco pilares: democracia, igualdade, liberdade, propriedade e individualismo – que surgiram as ideias de uma educação especial.

As ideias de mudança da revolução Francesa trouxeram um novo olhar no início do século XIX, muitos médicos se envolveram em movimentos voltados ao atendimento de pessoas deficientes, gerando metodologias educacionais, se espelhando por todo o mundo, inclusive no Brasil, com nomes bastante peculiares, como: Pedagogia de anormais, Pedagogia Curativa, Pedagogia Terapêutica, Pedagogia da Assistência Social, entre outras. Dentre muitos médicos e pedagogos que trabalharam com a ideia de uma educação especial – ainda que branda – para as pessoas com deficiências, estão nomes importantes para a pedagogia, como Maria Tecla Artemísia Montessori (1870-1952), italiana formada em medicina e pedagogia, como não conseguiu exercer sua profissão de médica depois da formatura, por ser mulher, começou o trabalho de professora com adultos com distúrbios mentais e crianças mentalmente deficientes, na Clínica de Psiquiatria da Universidade de Roma.

Maria Montessori – Imagem retirada do site revistagalileu.globo.com

Maria Montessori teve grande destaque por instituir o método montessoriano que visa desenvolver naturalmente as habilidades físicas, sociais e psicológicas da criança através de atividades que promovem a autonomia e a liberdade individual. Montessori também se posicionou contra a internação de crianças deficientes alegando que elas precisavam muito mais de um método pedagógico do que da medicina. Em 1904 foi nomeada para a cadeira de Antropologia Pedagógica da Universidade de Roma, ali preparou professores primários para "crianças anormais" – termo utilizado na época.

Outro médico de renome tanto na medicina como na pedagogia, foi Jean-Ovide Decroly (1871-1932), especializado em neurologia, voltou o seu trabalho para crianças com deficiências mentais. Fundou o instituto para educação dos excepcionais em 1901, chamado Uccle, e em 1907 foi diretor da escola École d'Ermitage, onde defendia a ideia de que a criança aprende a aprender, ou seja, o aluno buscava a possibilidade de conduzir seu aprendizado, primeiro tem a visão de um todo e depois é divido em parte, do caos à ordem. Decroly também acreditava que a linguagem era muito mais do que a expressão da fala, mas também do corpo, do movimento, do desenho e da construção da arte.

Jean-Ovide Decroly – Imagem retirada do site novaescola.org.br

Também temos Lév Semiónovic Vygotsky (1896-1934), natural da cidade de Orsha, Rússia, formado em Direito, História de Filosofia, se destacou por ser um grande pensador da sua época, trouxe um conceito do desenvolvimento intelectual infantil que acontece através e em função das interações sociais e condições de vida, ou seja, a aprendizagem se dá através do meio social em que o indivíduo está inserido. Vygotsky estudou os distúrbios de linguagem e aprendizagem das diversas formas de deficiências, sejam congênitas ou adquiridas, levando a criação de dois livros importantes para esses conceitos, "Psicologia Pedagógica" e "Fundamentos de Defectologia".

Lév Semiónovic Vygotsky – Imagem retirada do site novaescola.org.br

Mesmo tendo um novo olhar para a educação da população mundial, reconhecendo que as pessoas com necessidades especiais também eram humanas e assim dignas de uma educação de qualidade, com muitos nomes importantes, entre médicos, pensadores, historiadores, filósofos e pedagogos, que contribuíram para uma pedagogia que ainda é válida nos dias atuais, o século XIX e XX traz as primeiras impressões do que seria a educação inclusiva, ainda em uma ideia de segregação, pois as primeiras escolas eram totalmente voltadas para as pessoas com necessidades especiais, unidades separadas das instituições de ensino regular.

> Mudar de paradigma significa pensar que queremos uma educação especial para todos em um mundo especial para cada um de nós, em que nosso olhar esteja atravessando pela dignidade e pelo respeito aos

outros e as suas diferenças. Esse é um processo gradativo, que possui como pré-requisitos, ética e responsabilidade (FACIÓN & MATOS, 2009, p. 121).

Por muito tempo o processo de educação inclusiva foi marcado pela segregação, em meados do século XIX falar de educação para todos era algo novo, principalmente quando se tratavam de pessoas deficientes. Já existia a segregação na educação com pessoas negras, principalmente nos países acima da linha do Equador, onde havia um desenvolvimento capital mais eloquente. Nessa mesma época foi reconhecido que distúrbios, anomalias e deficiências não poderiam impossibilitar o indivíduo de frequentar a escola, porém, não seria a de ensino regular, pois não havia preparo, material e estrutura para isso, mal sabiam quais eram as necessidades especiais e como elas seriam dribladas para que a criança pudesse aprender. Não havia uma metodologia exata de como transmitir o conhecimento, muito menos os meios para chegar à aprendizagem, assim, uma escola totalmente voltada para essas necessidades era o melhor a fazer.

Essas primeiras instituições, estavam longe de serem vistas com um ambiente educacional, pelo contrário, as crianças estavam ali por não serem aceitas em sociedade, mas mesmo assim era dever do governo garantir seus direitos, pois eram pessoas. Stainback (1999, p. 37) menciona que as "escolas eram organizadas como asilos, com uma estrutura militar, o que condenava as pessoas com necessidades especiais a viverem em locais em que eram mais controladas do que ensinadas".

No Brasil, por volta do século XVII o governo reconheceu que pessoas com deficiências físicas deveriam ter acesso à educação, depois, o direito foi garantido às pessoas com deficiências auditivas e visuais, no século XIX e por fim, no século XX, o direito foi estendido às pessoas com deficiência intelectual e outros distúrbios, porém, os movimentos educacionais começaram a ser efetivos no reinado de Dom Pedro II, por volta de 1850, com a escola Imperial Instituto dos Meninos Cegos, inaugurada em setembro de 1854 e Imperial Instituto dos Surdos-Mudos em setembro de 1857, ambos no Rio de Janeiro.

Mesmo dando importância a educação de pessoas com deficiência, a ideia defendida era a de segregação, uma vez que se acreditava que pessoas com necessidades especiais estariam ligadas mais à medicina do que à pedagogia. Acreditava-se que a educação de pessoas com deficiências, principalmente as mentais, era uma prática, por vezes, impossível, e que a metodologia utilizada nestas pessoas eram apenas para dar assistência e atenção.

Podemos dizer que dentro desse contexto surgiu o termo "educação especial", instituições criadas fora do ensino regular com uma tarefa dupla, a de educar e "normalizar" o indivíduo. No Brasil, foram criados institutos como Pestalozzi, em 1926, e a APAE – Associação de Pais e Amigos dos Excepcionais, em 1952 escolas voltadas para a área da deficiência mental e a defesa dos direitos dessas pessoas.

A partir da Constituição de 1960, passou-se a pensar que a escola, como modelo de inserção do convívio social deveria ser inclusiva, trazendo a educação especial para o ensino regular. Isso ocorreu também devido ao avanço da psicologia e da pedagogia e os estudos de como o aluno aprende. Foi possível constatar que distúrbios de aprendizagem também estão ligados ao meio social e não necessariamente a deficiências físicas ou mentais, onde o sistema educacional regular tem o dever de criar estratégias para o desenvolvimento e a aprendizagem dos educandos. Assim, despertou-se uma sensibilidade em defesa das minorias para que pudessem ser inseridas no meio social, independente da necessidade de aprendizagem que tivesse.

A LDB – Lei de Diretrizes e Bases da Educação 4.024/61 trazia a ideologia de que a educação das pessoas deficientes deveria enquadrar-se no sistema geral de ensino. A partir desse ponto temos a integração e normalização do ensino.

> Na área da educação, normalizar é oferecer ao aluno com necessidades especiais recursos profissionais e institucionais adequados para que ele desenvolva seu potencial como estudante, pessoa cidadã (WERNECK, apud FACÍON & MATOS, 2009, p. 193).

A integração defendia que o aluno até então em uma escola de educação especial fosse matriculado em uma instituição de ensino regular, porém o estudante deveria adaptar-se ao ensino e ao ambiente pelo seu próprio esforço, a escola não se compromissava em adaptar a metodologia muito menos a estrutura do ambiente para o desenvolvimento do aluno com necessidade especial. Logo, os alunos que não conseguissem fazer essa adaptação não conseguiam permanecer nas escolas. Sendo assim, muitos voltavam para instituições especializadas o que trazia comportamentos de preconceito e rotulação na sociedade.

No ano de 1970, com a pauta de normalização, houve discussões sobre o tema e como aplicar na sociedade escolar, o princípio base da normalização era trazer oportunidades para a aprendizagem de pessoas com necessidades especiais, garantir que elas tenham o mesmo direito de ensino e de recursos para seu desenvolvimento educacional.

Em educação, normalizar significa oferecer, ao aluno com necessidades especiais, os mesmos recursos profissionais e institucionais que qualquer criança dita "normal" sempre teve, permitindo o seu desenvolvimento como estudante, pessoa e cidadã. (NOGUEIRA 2009, p. 88).

Ao final do século XX, por volta de 1980, o termo inclusão veio à tona, não só em ambiente educacional, mas como forma social, é dever de todos os seres humanos terem seus direitos respeitados, principalmente os direitos básicos, como direito à vida, à saúde e à educação. Com o marco histórico da lei de Salamanca, em 1994, com 92 assinaturas garantindo mundialmente que, a educação especial deve ser praticada dentro do ensino regular e a escola, a família, a sociedade e o governo devem garantir a permanência do aluno nos níveis de ensino respeitando a individualidade, identidade social e cultural, e prevendo as múltiplas diferenças, a instituição educacional deve oferecer as adaptações necessárias para atender os diversos tipos de aprendizagens presentes na escola.

Sendo assim, a educação inclusiva deveria ser a junção das ideias de integração, normalização e inclusão. Promover a integração das pessoas com deficiência na escola de ensino regular, garantir que todos presentes não tratem a deficiência como empecilho ao desenvolvimento cognitivo e motor, e ao mesmo tempo ofereçam estrutura e metodologia significativa ao avanço de cada indivíduo e consolidar que todos os envolvidos na comunidade escolar entendam que a aprendizagem e a inclusão se dá a todo momento no corpo docente, discente, na sociedade e na família, exigindo um comprometimento de todas as partes com o objetivo de significar a educação a nível social. Isso ocorre a partir do preparo das instituições escolares com os professores, funcionários, alunos e família, pois a inclusão exige mudanças profundas nos conceitos preestabelecidos para combater atos de discriminação dentro e fora da escola. Se a escola muda, obrigatoriamente a sociedade também muda.

Capítulo 5
A REALIDADE DA INCLUSÃO NAS ESCOLAS PÚBLICAS E PARTICULARES —

Ao longo da história da educação no Brasil e no mundo, nos deparamos com várias reformas, movimentos e ideologias a fim de conceber um modelo de educação que seria viável a toda a população. No decorrer dos séculos foram implantadas várias formas de aprendizagem, dentre elas, ensino privado para classes sociais elevadas, educação só para homens ou só para mulheres, educação para pessoas com necessidades especiais, educação para pessoas "normais". Fomos da palmatória e do chapéu de burro às novas propostas de ensino híbrido, como o construtivismo, o sócio interacionismo, montessoriano, freireano, antroposófica e logosófico. Mesmo com tantas formas de fazer a educação, com tantos conceitos de trabalhar uma aprendizagem significativa para os educadores e educandos, ainda nos deparamos com obstáculos no processo de aprender. No Brasil, falta conhecimento, estrutura, capital e apoio para que a educação inclusiva aconteça de forma gradual em todo o país.

A começar que, o Brasil é um país que enfrenta diversas dificuldades sociais, como a fome, o desemprego, a pobreza extrema, a corrupção, a discriminação e o preconceito. Mesmo sendo assuntos pautados corriqueiramente a todos os órgãos, ainda são problemas grandes que impactam direto na educação. Como falado anteriormente, o nosso território nacional é destaque para grandes extremos, sendo o ganho excessivo de dinheiro e a falta dele a maior comparação a se fazer, pois é a partir desse conceito social que parte das dificuldades são agravadas diariamente aos cidadãos brasileiros.

A educação, sendo princípio base de desenvolvimento e avanço de uma sociedade deveria ser prioridade em nosso país, porém, sabemos que sempre houve muita dificuldade em estabelecer um ensino que funcionasse de maneira qualitativa e igualitária para todos.

O MEC – Ministério da Educação e Cultura, em 2008, estabeleceu o PNEEPEI – Política Nacional de Educação Especial na Perspectiva da Educação Inclusiva, o qual determina as diretrizes de ação para a criação de políticas públicas locais além das práticas pedagógicas no contexto da inclusão escolar.

Em 2018, dez anos depois da criação deste documento, foi realizado uma pesquisa para identificar as condições institucionais, operacionais, humanas e pedagógicas que são predominantes na implantação do PNEE-PEI. Essa pesquisa envolveu 96 escolas, dentro de 48 municípios que fazem parte do Programa Educação Inclusiva: Direito à Diversidade. Dentro dessa pesquisa, foram avaliados de forma geral como o PNEEPEI está sendo seguido.

Dentro do documento PNEE – Política Nacional de Educação Especial – existem algumas práticas a serem implantadas para garantir que a educação inclusiva aconteça, uma delas é o AEE – Atendimento Educacional Especializado, um profissional especializado em determinada deficiência que visa uma parceria com o professor dentro da sala de aula para o aluno com dificuldades especiais, possibilitando a ampliação e a facilitação do trabalho do professor e rompendo as barreiras para a aprendizagem do aluno. Ter um AEE como acompanhante é um direito do estudante que necessita desse auxílio.

> O AEE é um serviço que ajuda a identificar, elaborar e organizar recursos pedagógicos e disponibiliza as salas que atendem alunos de inclusão de todas as unidades concentradas nas escolas municipais. Mesmo sendo leigos, não sendo profissionais da área de Medicina, a gente já observa algumas síndromes e encaminha para um profissional em saúde e, detectado o problema, a gente já começa a atender. A gente procura, a partir da dificuldade que o professor tem na sala de aula, ver o estudo de caso, verificar essa criança, tanto na sala de aula, quanto a questão da família para poder fazer o plano para iniciar o atendimento dessa criança. A gente vai procurar maneiras de fazer com que essa criança se desenvolva. (Depoimento de um professor AEE na pesquisa realizada pelo projeto a escola e suas transform(ações, 2018).

Outras práticas estabelecidas como objetivos do PNEEPEI são:

- Garantir a educação como um direito para todos em um sistema educacional equitativo e inclusivo;
- Ter um ambiente escolar acolhedor e inclusivo através da postura da comunidade escolar em estabelecer ações de respeito e aceitação às singularidades de cada indivíduo;
- Desenvolver as potencialidades do aluno através de metodologias diversificadas para alcançar uma aprendizagem significativa;
- Acessibilidade do currículo e do ambiente escolar, eliminando barreiras, não só arquitetônicas, mas também, pedagógicas, atitudinais, tecnológicas, linguísticas e nos transportes.
- Incentivar a qualificação dos professores e demais profissionais de educação.

Não se pode dizer que não há a educação especial dentro do ensino regular nas escolas brasileiras, o Censo Escolar elaborado pelo Instituto de Estudos e Pesquisas Educacionais Anísio Teixeira, mostrou um avanço significativo de matrículas de estudantes portadores de necessidades de 2008 até 2019. Em 2008 eram 696 mil alunos matriculados no Brasil, sendo 376 mil em escolas de ensino regular e 320 mil em escolas de educação especial. Já em 2019, foram 1,25 milhão de alunos matriculados em território brasileiro, sendo 1,09 milhão no ensino regular e 167 em escolas de educação especial, um aumento de 79,8% em 11 anos.

Total de matrículas da educação especial nos sistemas de ensino no período de 2008 a 2019, tanto nas classes especializadas quanto nas classes comuns.

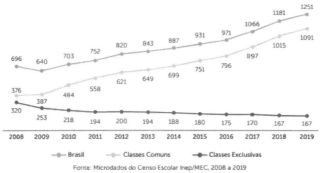

Fonte: Microdados do Censo Escolar Inep/MEC, 2008 a 2019
Nota: Números expressos em milhares.

De acordo com o gráfico podemos ver que muitos pais optaram por matricular seus filhos em uma escola de ensino regular, na garantia de que as classes comuns, ofertariam o mesmo ensino que uma classe especializada na deficiência de seus filhos. Mas, ter o aumento, ainda que significativo, das matrículas de alunos com deficiência no ensino regular, também não é garantia de que o ensino seja de qualidade e atenda verdadeiramente as necessidades dessas crianças e adolescentes.

O grande desafio para educação no país, principalmente a educação especial é garantir que ela funcione em todo território nacional, em todas as escolas, sejam elas de grandes ou pequenos municípios. Como é medida a qualidade de ensino? Como podemos dar a certeza de que a unidade escolar capacita seus professores, adapta a metodologia e o currículo escolar, torna o ambiente acessível para todas as deficiências e ainda pratica uma política de respeito à diversidade? É extremamente difícil de pensar que um dia a educação funcionará tão bem no país a ponto de acreditarmos que esta seja uma prioridade para os governantes.

De acordo com o Censo Escolar, em sua última pesquisa sobre as matrículas em 2020, publicada no dia 21/01/2021, no site gov.br, até o momento da publicação o Brasil possuía 179.533 escolas públicas e privadas, sendo a rede municipal responsável por 48,4%, seguida da rede estadual com 32,1%, a rede privada com quase 19% e a rede federal com uma porcentagem inferior a 1%.

Com um número tão alto de matrículas, a rede pública tem um currículo pedagógico muito bem trabalhado e detalhado, muitas normativas que competem para um ensino de qualidade. Porém, há muitos obstáculos que impedem da educação pública ser admirável, é claro que não podemos generalizar e dizer que nenhuma escola pública do Brasil cumpre com sua legislação e permite que a educação seja qualitativa para seus alunos, mas devemos ter em mente que há muitos contrastes em nosso país, principalmente quando nos referimos às classes sociais, o que nos faz lembrar que centenas de escolas espalhadas pelas regiões brasileiras não tem má estrutura, falta de material, déficit de funcionários, sem apoio governamental para reformas. Com tantos problemas estruturais e pedagógicos, como essas escolas garantem a educação para todos, principalmente quando o "todos" também inclui alunos com necessidades especiais?

As escolas de ensino regular não devem negar matrícula a nenhum aluno portador de necessidade especial, sendo esse feito um crime punível com reclusão de um a quatro anos (Art. 8º da Lei nº 7.853/89). Mas, também não deve mascarar a inclusão dentro da unidade, é dever da escola garantir que essa criança, além de ser acolhida, tenha o desenvolvimento escolar que necessita através de vários meios para alcançar a aprendizagem durante os níveis de ensino.

Sabemos que a escola é para o aluno, então tudo o que está dentro desse ambiente é ou deveria ser minuciosamente pensado para as necessidades de todos, não somente dos portadores de deficiência. Porém, as escolas não recebem o apoio que deveriam do governo.

Um dos primeiros problemas que impactam direto no ensino público e consequentemente na educação inclusiva é a infraestrutura das escolas. De acordo com um levantamento realizado pelo movimento *Todos pela Educação* e publicado no site agenciabrasil.ebc.com.br, em junho de 2016, mostra que apenas 4,5% das escolas públicas garantem todos os itens de infraestrutura previstos em lei no PNE – Plano Nacional de Educação –, ou seja, 95,5% das escolas públicas são irregulares, e no que se refere à educação especial, somente 26% são acessíveis para portadores de alguma deficiência, física ou mental. Muitas dessas irregularidades se referem a falta de energia elétrica, abastecimento de água tratada, falta de espaço para a prática esportiva – educação física, que é matéria obrigatória pela BNCC (Base Nacional Comum Curricular) –, e também, a falta de investimento na estrutura da escola para garantir a acessibilidade, como rampas, piso tátil, elevadores, corrimão, portas largas, entre outras práticas.

Além da má infraestrutura de muitas escolas, temos o problema das salas de aula superlotadas. A Comissão de Educação da Câmara dos Deputados aprovou projeto de lei nº 4.731/12, em 2021, visando o número máximo de alunos em cada nível de ensino, o projeto fixa em 25 alunos por sala na pré-escola e nos dois anos do ensino fundamental e em 35 nos demais anos do ensino fundamental e médio. A deputada Alice Portugal (PCdoB-BA), comenta que:

> Embora os estudos realizados até o momento sejam inconclusivos sobre a relação entre tamanho dos agrupamentos e desempenho acadêmico, é também verdade que turmas menores são frequentemente vistas como benéficas porque possibilitam aos professores oferecerem um atendimento mais individualizado aos alunos, mais atento a suas necessidades específicas no processo de aprendizagem", avaliou a relatora. Além disso, facilitam a manutenção da disciplina em sala de aula, um aspecto que tem sido causa de grande estresse para os professores, e influenciam as oportunidades de aprendizagem para todos os alunos. (Fonte: Agência Câmara de Notícias).

O grande óbice das salas superlotadas é que não traz benefícios para o aluno, muito menos para o professor. Como um pedagogo irá atuar em sala inclusiva, sendo que esta é superlotada? Não há como garantir que a aprendizagem seja significativa e efetiva, uma vez que o professor deve se dividir entre os diferentes métodos de ensino que abrange a sua sala, por causa da inclusão – cabe ressaltar que muitas escolas não contam com o AEE, para apoio –, e adaptar o material, onde muitas vezes também falta recurso para tal prática. Ou seja, o professor de rede pública, enfrenta uma sala lotada, às vezes com mais de um tipo de deficiência ou distúrbio, além das defasagens que o ensino regular público traz, e precisa adaptar o material que irá usar e pesquisar sobre como trabalhar com determinado aluno que possui determinada deficiência, para só assim conseguir fazer o seu trabalho.

Já nas escolas de rede privada, quase não há reclamação de superlotação de salas, porém o professor também se vê pressionado a trabalhar em dobro quando está lecionando em uma sala que acontece a inclusão, principalmente com salas de fundamental I e alfabetizadoras, pois é quando o professor, muitas vezes, fica sozinho para dar conta de todas as matérias e ainda adaptar o conteúdo para seu aluno portador de necessidade especial, pois não são todas as escolas que disponibilizam o AEE ou um professor auxiliar para ajudar o titular da sala, é comum até encontrar relatos de professores que não tem apoio nem sequer da direção e coordenação no momento de preparar as aulas e adaptar a metodologia para aquele aluno com dificuldade, e por vezes, essa dificuldade nem precisa ser uma deficiência para se tornar um desafio pedagógico, pode ser uma defasagem, um distúrbio ou problemas sociais e familiares pelo qual o aluno esteja passando, o que impacta direto no seu desempenho e aprendizagem.

Outros fatores a se considerar nas escolas do Brasil em relação à educação inclusiva é a falta de material e recursos pedagógicos para as diferentes deficiências, a presença de profissionais especializados, como intérprete de Libras e a formação dos professores para que possam saber ao menos iniciar o trabalho pedagógico. Muitos profissionais da educação ainda sofrem com a falta de recurso na hora de planejar a sua aula, pois para cada aluno com uma necessidade especial, é possível usar diversos recursos, muitas vezes são recursos que podem ser criados com material pedagógico, o problema é que com uma carga horária apertada, falta tempo para o professor se dispor a criá-lo, e muitas editoras que trabalham com livros e apostilas didáticos, não oferecem o material adaptado e se oferecem é algo bem limitado. Além do material didático, podemos falar também dos recursos, citados anteriormente, como máquina de escrever em braile, lupas de aumento, computadores interativos, entre outros.

Além da falta de recursos, há também o problema da falta de comunicação entre professores e gestores, que existe tanto nas escolas privadas como nas públicas. Um professor que se vê sozinho em sala de aula inclusiva, não faz a sala caminhar, é preciso ter apoio da direção, troca de ideias, pesquisa de materiais, cursos e formações, sem contar no material que utiliza em sala, que deve ser coerente para a criança, ou seja, de acordo com as suas necessidades escolares. Mas com um índice tão alto de falta de infraestrutura para a inclusão nas escolas do país, é fácil acreditar que a educação inclusiva quase não acontece, e se acontece não é eficiente.

Fazer uma educação inclusiva de acordo com as políticas e práticas de inclusão, a nível nacional, levando em consideração as dimensões territoriais de nosso país, não é um trabalho fácil e prático. Como sabemos o Brasil é um país que não tem como base e prioridade a educação, o que faz com que as leis não funcionem e divergem muito da realidade que enfrentamos. As diferenças de ensino nas regiões brasileiras e as dificuldades que são enfrentadas em cada lugar, torna mais difícil da inclusão acontecer, pois antes de lidarmos com a educação inclusiva temos que passar por cima de muitas outras questões sociais que são obstáculos não superados e não resolvidos. Podemos citar a pobreza em primeiro lugar, a falta de recursos em cidades brasileiras acomete diretamente na educação, pois se faltam recursos básicos para a sobrevivência da população, como garantir que a escola irá abraçar a inclusão? Não dá para pensar que a escola terá verba o suficiente para ter recursos necessários que façam com que o sistema educacional seja efetivo para alunos com e sem deficiência em um mesmo lugar. Muitas escolas brasileiras ainda não têm o básico para funcionar, como energia elétrica, saneamento, alimentação, material pedagógico... e mesmo assim funcionam porque a necessidade precisa ser suprida, mas não garantem a efetividade na aprendizagem de todos.

Uma prática existente nas escolas públicas e privadas é a TA – Tecnologia Assistiva –, uma ferramenta indispensável que está ganhando a cada dia mais espaço nas salas de aula. Tendo por objetivo ser um conjunto de recursos que auxiliam estudantes a melhorar seu desempenho e desenvolvimento durante as aulas. Esses recursos podem ser eletrônicos ou não. Muitas escolas já utilizam a tecnologia assistiva para contribuir na metodologia usada na sala de aula, há uma diversidade de objetos, jogos e eletrônicos desenvolvidos para diferentes necessidades.

MPA – Material Pedagógico Acessíveis – pode ser construído ou comprado, há uma grande variedade de material pedagógico acessível para diferentes necessidades em sala de aula, são utilizados no ensino aprendizagem de crianças e jovens com e sem deficiência.

Jogos e brincadeiras

Como o jogo da memória, jogo da forca, material dourado, caça palavras, baú de histórias, quebra cabeças, dominó, boneco articulado, bingo, fantoches, caixa musical, jogos de tabuleiro, painel sensorial, tangram, tapete de histórias... São recursos fáceis de serem feitos ou até mesmo comprados. Podem e devem fazer parte do planejamento de aula do professor, principalmente na educação infantil ou nos anos iniciais do ensino fundamental. Esses tipos de jogos e brincadeiras podem ser trabalhados em conjunto com um tema específico para ajudar a fixar o conteúdo de uma aula, além de desenvolver habilidades de linguagem, criatividade, imaginação, coordenação motora, noção espacial, entre outros.

Tangram

Caixa musical

Painel sensorial

Tapete de histórias

*Imagens retiradas da Web

Adaptadores especiais para material pedagógico inclusivo

Os adaptadores podem ser comprados pela unidade escolar ou criados pelos professores. Esses materiais irão auxiliar o aluno com deficiência, física ou mental a manipular objetos de escrita, leitura ou realizar uma atividade específica.

Separador para material dourado – auxilia na contagem das peças para resolver problemas ou entender o sistema matemático, como a composição e decomposição de dezenas e as quatro operações.

Régua de madeira adaptada – auxilia o aluno que tem dificuldade para preensão. A régua vem com um pino de madeira colado no centro para que o estudante segure e prense a régua ao papel de forma uniforme.

Caderno de madeira imantado ou lousa imantada com letras móveis ou imagens – facilita na construção da escrita para crianças e jovens que tem dificuldade na coordenação motora das mãos.

Recursos não ópticos para pessoas com baixa visão – esses materiais podem divergir entre eletrônicos ou não. São amplificadores a partir de computadores e televisões, com diversas possibilidades de alcance de zoom para estudantes utilizarem em aula, material gráfico, usando a ampliação de fontes, símbolos, números e imagens, carteira adaptada, acessórios de escrita e leitura, como lápis 4B ou 6B, canetas de ponta porosa, suporte para livros, cadernos com pautas espaçadas e escuras, tiposcópios (guia de leitura) e gravadores.

Recursos ópticos para pessoas com baixa visão – variam em diferentes tipos de óculos (bifocais, binoculares com prismas, asféricos monoculares), lupas manuais e de apoio e até mesmo telescópio manual.

Recursos para pessoas com cegueira – Uso de ferramentas e material em braille, pode ser construído com diversos materiais ou comprado pela unidade escolar, são eles: máquina de escrever em braille e a reglete – régua de metal ou madeira que permite a escrita em braille.

Separador de material dourado   Régua de madeira adaptada

LIBRAS – Língua Brasileira de Sinais – é preciso ter o domínio da Libras ou ter um AEE (Atendimento Educacional Especializado) para junto poder lecionar em uma sala que tenha um aluno surdo, mas também, mesmo não sendo fluente na língua, é possível utilizar o sistema de comunicação em Libras na adaptação de materiais que são utilizados no dia a dia, além de aplicativos de tradução e jogos.

Lousa imantada   Tiposcópio

Prancha de leitura com lupa   Reglete

Alfabeto em Libras   Máquina de escrever em braille
*Imagens retiradas da Web

Há inúmeras formas de trabalhar com a inclusão, o professor pode e deve utilizar de diversos materiais para complementar sua aula, não só para alunos com necessidades especiais, mas para todos, afinal, cada um aprende de uma forma, e a aprendizagem lúdica torna a aula mais leve e prazerosa, fazendo com que os alunos se interessem pelo conteúdo. Porém, muitos dos recursos utilizados hoje em dia para trabalhar diferentes necessidades em sala de aula, principalmente da escola pública, são resultados do esforço e da vontade dos professores, pois muitos não tem o devido apoio da gestão escolar ou do governo para a compra de materiais e acabam tirando do próprio salário para comprar e/ou fazer materiais e ferramentas que facilitaram sua aula e o desenvolvimento de seus alunos.

Outra realidade é a que existem muitas escolas privadas que são bem estruturadas principalmente na parte tecnológica, e podem oferecer o ensino da melhor qualidade garantindo que a inclusão seja feita dentro da unidade, porém o valor que pedem como mensalidade, é algo que poucos podem pagar. O que faz com que pensemos novamente que o problema da educação também está relacionado a classe social. Se você não é uma pessoa que tem recursos financeiros, dificilmente conseguirá pagar uma escola privada a longo prazo para seus filhos. É claro que essa questão não é uma regra, mas voltando o pensamento para a pesquisa que informa que somente 4,5% das escolas brasileiras estão aptas a praticar a educação inclusiva de verdade, como garantir que seus filhos frequentem uma escola que esteja dentro dessa porcentagem?

Mesmo que o problema de pessoas com deficiência na escola seja solucionado, há outros fatores que compõe a inclusão, como raça, gênero, classe social, tudo o que destoa uma atitude respeitosa sobre o outro deve ser trabalhado dentro de uma unidade escolar, tanto através de conteúdos curriculares como com temas transversais. Isso já acontece em muitas escolas brasileiras, há diversos eventos que envolvem o combate à discriminação e ao preconceito, mas ainda assim, ainda temos um cenário caótico sobre denúncias de ações preconceituosas vindas de alunos, professores, funcionários e família.

Para que as escolas de educação básica sejam totalmente inclusivas ainda é preciso percorrer um longo caminho, muito já foi feito, porém ainda não foi o suficiente. Antes é preciso encarar a realidade e lutar para que os governantes enxerguem que não se faz um país sem ter uma educação de qualidade e a inclusão é o resultado de um investimento voltado para o sistema educacional, pensada nos mínimos detalhes, para que possa abranger realmente todos que frequentam a escola. Não é só fato de ter pessoas deficientes numa sala de ensino regular, afinal a educação inclusiva não é só para ter pessoas deficientes dentro da sala de aula, isso é apenas uma parte. A educação inclusiva, além de trazer para dentro da sala de aula regular a educação especial – voltada para pessoas com deficiências e transtornos –, é também voltada para tudo o que a sociedade enfrenta, como diferença de classes sociais, cor e gênero.

Como sabemos, no Brasil, a inclusão já é um termo descrito em diversas leis que existem há tempos, na verdade, tempo suficiente para que o governo, junto às escolas, públicas e privadas, tivessem preparado suas unidades, professores e funcionários, o preparo que temos hoje não chega nem perto do que poderia ser a educação inclusiva, ainda assim, há muitas pessoas – profissionais ou não – que acreditam e fazem até mesmo o impossível para que a diversidade na educação nunca saia da "moda".

Segundo o site novaescola.org.br e o livro "Direitos das Pessoas com Deficiência", de Eugênia Augusta Gonzaga Fávero, há várias leis que garantem que a inclusão deva ser prioridade na educação, dentre elas:

1988 – Constituição da República

Prevê o pleno desenvolvimento dos cidadãos, sem preconceito de origem, raça, sexo, cor, idade e quaisquer outras formas de discriminação; garante o direito à escola para todos; e coloca como princípio para a Educação o "acesso aos níveis mais elevados do ensino, da pesquisa e da criação artística, segundo a capacidade de cada um".

1989 – Lei nº 7.853/89

Define como crime recusar, suspender, adiar, cancelar ou extinguir a matrícula de um estudante por causa de sua deficiência, em qualquer curso ou nível de ensino, seja ele público ou privado. A pena para o infrator pode variar de um a quatro anos de prisão, mais multa.

1990 – Estatuto da Criança e do Adolescente (ECA)

Garante o direito à igualdade de condições para o acesso e a permanência na escola, sendo o Ensino Fundamental obrigatório e gratuito (também aos que não tiveram acesso na idade própria); o respeito dos educadores; e atendimento educacional especializado, preferencialmente na rede regular.

Estatuto da Criança e do Adolescente – ECA – imagem retirada do site https://www.upf.br/noticia/eca-30-anos-proteger-a-infancia-a-
-adolescencia-e-superar-os-desafios

1994 – Declaração de Salamanca

O texto, que não tem efeito de lei, diz que também devem receber atendimento especializado crianças excluídas da escola por motivos como trabalho infantil e abuso sexual. As que têm deficiências graves devem ser atendidas no mesmo ambiente de ensino que todas as demais.

1996 – Lei de Diretrizes e Bases da Educação Nacional (LDB)

A redação do parágrafo 2º do artigo 59 provocou confusão, dando a entender que, dependendo da deficiência, a criança só podia ser atendida em escola especial. Na verdade, o texto diz que o atendimento especializado pode ocorrer em classes ou em escolas especiais, quando não for possível oferecê-lo na escola comum.

2000 – Leis nº 10.048 e nº 10.098

A primeira garante atendimento prioritário de pessoas com deficiência nos locais públicos. A segunda estabelece normas sobre acessibilidade física e define como barreira obstáculos nas vias e no interior dos edifícios, nos meios de transporte e tudo o que dificulte a expressão ou o recebimento de mensagens por intermédio dos meios de comunicação, sejam ou não de massa.

2001 – Decreto nº 3.956 (convenção da Guatemala)

Põe fim às interpretações confusas da LDB, deixando clara a impossibilidade de tratamento desigual com base na deficiência. O acesso ao Ensino Fundamental é, portanto, um direito humano e privar pessoas em idade escolar dele, mantendo-as unicamente em escolas ou classes especiais, fere a convenção e a Constituição.

Constituição da República

Prevê o pleno desenvolvimento dos cidadãos, sem preconceito de origem, raça, sexo, cor, idade e quaisquer outras formas de discriminação; garante o direito à escola para todos; e coloca como princípio para a Educação o "acesso aos níveis mais elevados do ensino, da pesquisa e da criação artística, segundo a capacidade de cada um".

Capítulo 6
COMO SERIA UMA EDUCAÇÃO INCLUSIVA DE QUALIDADE?

Quando pensamos na palavra "Inclusão", visualizamos pessoas de todas as raças, culturas, gênero, orientação sexual, classes sociais, juntas, sem importar suas características e sem levar em consideração suas diferenças. Há quem diga que "ser diferente é normal" ou "O que nos difere é o que nos torna especial". Inclusão é isso, mas para ter a inclusão não é preciso mencioná-la, o ambiente em que você está inserido deve ser capaz de mostrar se é ou não inclusivo. Isso é perceptível através das atitudes e comportamentos das pessoas que estão a sua volta. Então, a inclusão é a exclusão de qualquer julgamento de incapacidade de uma pessoa devido a alguma limitação física ou mental, orientação sexual, gênero, raça, classe social... Incluir é conviver sem se preocupar com as diferenças entre você e o outro.

Dentro de um ambiente escolar, o significado de inclusão não muda, ao contrário, é possível que possa significar muito mais, pois a escola é o primeiro ambiente social pelo qual o indivíduo passa e começa a criar interações com pessoas que não fazem parte da sua família.

Por isso, se formos pensar em como seria uma educação inclusiva ideal, teríamos que pensar antes em como seria possível melhorar a educação do país, desde a valorização dos professores à responsabilidade que a família deve assumir. A escola não é propriedade governamental e não funciona somente para quem está inserido. A escola é um dos pilares da sociedade, quiçá se não for a mais importante, pois é uma base construtora de ensino e aprendizagem, não só para os alunos, mas também para os professores. Sendo assim, estende-se por toda a sociedade, pois deve ter apoio do governo, da comunidade e principalmente das famílias dos alunos. Quando a sociedade começar a entender que a escola se faz com todos, e que cada fragmento do processo de ensino é importante, mesmo se a princípio parecer mero detalhe, estaremos prontos para avançar para um nível de educação qualitativa e consequentemente inclusiva.

Como mencionado no capítulo anterior, nosso país é dotado de leis que geram programas, movimentos e projetos para cada questão social, a área da educação não diverge desta realidade, são diversas práticas inclusivas para previstas em lei para que a educação aconteça para todos, seja em grandes municípios, em terras indígenas e quilombolas, em penitenciárias ou para pessoas com deficiência física ou mental.

Há muitas leis que asseguram que a educação inclusiva pode e deve acontecer no Brasil. Essas leis geram muitos movimentos, programas e políticas inclusivas que ajudam muitos profissionais da educação, estudantes e suas famílias, porém falta comunicação e conhecimento. Infelizmente o nosso país peca no quesito "comunicação", são informações baseadas no achismo e quando devem ser passadas com embasamento, acabam se perdendo no meio do caminho. Mas há programas bons e funcionais que fazem parte das práticas inclusivas que são de suma importância para a educação brasileira, e é preciso que nós, enquanto cidadãos, procuremos conhecer e usufruir, pois é um direito de todos.

Serviços que fazem parte das políticas e práticas da educação inclusiva, de acordo com o documento da PNEE e o portal do MEC:

AEE – Atendimento Educacional Especializado – serviço de educação especial regulamentado por lei, pode e deve ser solicitado pela escola ou pelo profissional da educação que leciona em sala inclusiva. O AEE é responsável pelo planejamento e pela dos recursos pedagógicos para melhorar a participação dos alunos com necessidades especiais em escolas de ensino regular.

Acompanhamento da Frequência Escolar de Crianças e Jovens em Vulnerabilidade – Condicionalidade em educação do Programa Bolsa Família (PBF) – tem por objetivo monitorar a frequência de estudantes incluídos no Programa Bolsa Família e no Benefício Variável Jovem, a frequência deve estar em 85% e 75% respectivamente, isso estimula a permanência de crianças e jovens na escola em situação de vulnerabilidade. Também faz parte do programa, disponibilizar dados ao Ministério do Desenvolvimento Social e Combate a Fome (MDS).

CAA – Comunicação Alternativa Aumentativa – conjunto de estratégias, ferramentas e métodos pedagógicos para auxiliar na comunicação de pessoas que não conseguem, de forma eficaz, usar a comunicação verbal. Esse método pode e deve ser utilizado com crianças com TEA (Transtorno do Espectro Autista) ou com deficiência intelectual e paralisia cerebral.

CAEE – Centro de Atendimento Educacional Especializado – de acordo com o MEC (Ministério da Educação) e a DPEE (Diretoria de Políticas de Educação Especial, os Centros de Atendimento Educacional Especializando funcionam em prol dos estudantes com necessidades especiais para complementar o processo de ensino aprendizagem nas salas de aula regulares.

CAFI – Centro de Atendimento Educacional Especializado para Educandos com Deficiência Físico-Motora – o CAFI funciona da mesma forma e intenção do CAEE, porém com pessoas que tenham deficiência física.

CAS – Centro de Capacitação de Profissionais da Educação e de Atendimento às Pessoas com Surdez – são órgãos ligados às Secretarias Estaduais de Educação (SEDUC) a fim de promover a educação bilíngue, através da formação continuada de profissionais que atuam como AEE (Atendimento Educacional Especializado) e também na construção de materiais didáticos eficazes a alunos surdos ou com deficiência auditiva.

CAP – Centro de Apoio Pedagógico para Atendimento às Pessoas com Deficiência Visual / NAPPB – projeto do MEC (Ministério da Educação) e da Secretaria de Educação Especial (SEESP), para oferecer um ensino de qualidade, por meio de matérias de apoio pedagógicos. Um dos serviços realizados pelo CAP é a produção de livros didáticos em Braille.

CIMT – Centro de Atendimento Educacional Especializado para Educandos com Deficiência Intelectual, Mental e Transtornos Globais do Desenvolvimento – o CIMT funciona da mesmo forma e intenção do CAEE e o CAFI, porém com pessoas que apresentam necessidades especiais ligadas ao intelecto.

Educação em Prisões – projeto que atua na elaboração de técnica e financeiramente para a implementação da educação de jovens e adultos em situação penitenciaria, além de ofertar formação continuada a diretores de estabelecimentos penais, agentes penitenciários e professores.

ENCCEJA – Exame Nacional para Certificação de Competências de Jovens e Adultos – programa criado pelo INEP (Instituto Nacional de Estudos e Pesquisas Educacionais Anísio Teixeira) que realiza uma prova para a certificação de jovens e adultos que, por algum motivo, não tiveram a chance de concluir o ensino fundamental e médio. Mesmo não sendo um programa voltado para a educação especial, com certeza é uma forma de garantir a inclusão de pessoas que deixaram passar a época da escola e não tiveram a oportunidade de se certificarem, assim, através desse programa, os jovens e adultos podem avançar para o ensino superior e garantir novas oportunidades no mercado de trabalho.

INEP – Instituto Nacional de Estudos e Pesquisas Educacionais Anísio Teixeira – vinculado ao MEC (Ministério da Educação), tem por objetivo solicitar estudos, pesquisas e avaliações sobre o Sistema Educacional Brasileiro para assim criar parâmetros de qualidade a partir das políticas públicas para a área educacional.

INES – Instituto Nacional de Educação de Surdos – promove a capacitação de profissionais para atuarem de forma adequada com metodologias voltadas para pessoas surdas ou com perdas auditivas, além de assistir às políticas públicas que envolvem os direitos da pessoa com deficiência auditiva, como a qualificação e capacitação profissional.

NAAH/S – Núcleos de Atividades de Altas Habilidades/Superdotação – programa que apoia a formação continuada de professores para trabalhar no atendimento educacional especializado de alunos com altas habilidades/superdotação.

NAPNE – Núcleo de Atendimento às Pessoas com Necessidades Educacionais Específicas – programa que deve estar previsto no PPP (Projeto Político Pedagógico) da unidade escolar. Responsável por auxiliar práticas e metodologias às necessidades educacionais dos alunos, contribuindo para o desenvolvimento das competências e habilidades de cada estudante.

PEI – Plano Educacional Individualizado – documento elaborado pelo professor junto com o NAPNE (Núcleo de Atendimento às Pessoas com Necessidades Educacionais Específicas) e a CSP (Coordenadoria Sociopedagógica), onde é gerada uma avaliação do aluno com necessidade educacional específica. O PEI visa trabalhar estratégias e metodologias adequadas para que o aluno possa avançar no seu desenvolvimento para que tenha um aproveitamento escolar, assim como os outros estudantes do ensino regular. Este documento deve ser aprovado pelo estudante ou pela família, caso o estudante seja menor de idade.

Prêmio Construindo Igualdade de Gênero – Tem por finalidade incentivar e estimular a produção científica acerca das relações de gênero, mulheres e feminismo, promovendo a participação das mulheres no campo das ciências e das carreiras acadêmicas. Esse Prêmio vem da parceria do MEC (Ministério da Educação), SPM (Secretaria de Políticas para as Mulheres), CNPq (Conselho Nacional de Desenvolvimento Científico e Tecnológico) e a ONU Mulheres (Entidade das Nações Unidas para a Igualdade de Gênero e o Empoderamento das Mulheres).

Programa Brasil Alfabetizado – programa que trabalha em prol da alfabetização de pessoas acima de 15 anos que por algum motivo não tiveram a oportunidade de se alfabetizar no período escolar. Apoia técnica e financeiramente os projetos de alfabetização de jovens, adultos e idosos que são apresentados nos estados e municípios do país.

Programa Escola Que Protege – trabalhar na capacitação de profissionais da educação, profissionais da saúde, assistência social, conselheiros tutelares, agentes de segurança e justiça, assim como outros profissionais ligados à rede de proteção e garantia de Direitos das Crianças e Adolescentes, para atuar na defesa dos direitos da população e na prevenção das violências no contexto escolar.

Programa PET Conexões e Saberes – projeto que desenvolve ações para uma troca de saberes entre as comunidades populares e universidades públicas. O intuito é atuar na inclusão de jovens provindos das comunidades do campo, indígenas e quilombolas e/ou em situação de vulnerabilidade.

PROLIND – Programa de Apoio à Formação Superior e Licenciaturas Interculturais Indígenas – Programa que tem por objetivo a formação de professores indígenas para lecionar nas escolas indígenas que visem o ensino, pesquisa, extensão e a valorização em temas como línguas maternas e sustentabilidade das terras e culturas dos povos indígenas.

PRONACAMPO – órgão governamental que apoia os estados e municípios para a política de educação do campo e quilombolas, beneficiando a ampliação e a qualificação da educação básica e superior, através da melhoria da infraestrutura e da formação dos professores, produção de material didático em todas as modalidades de ensino.

SECADI – Secretaria de Educação Continuada, Alfabetização, Diversidade e Inclusão – órgão específico singular organizacional do MEC (Ministério da Educação), visa programas que tem por objetivo garantir o acesso de todos os estudantes a uma educação com redução das desigualdades educacionais e o respeito às diferenças.

TEEs – Territórios Etnoeducacionais – programa que apoia a implementação da Política de Educação Escolar Indígena. Faz parte do programa a formação inicial e continuada de profissionais especializados para a educação das comunidades indígenas, elaboração de material didático, desenvolvimento de currículos com conteúdo culturais voltados para as respectivas comunidades, criação de projetos que valorizem a cultura e as identidades étnicas, assim como a língua materna de cada comunidade indígena e o apoio técnico e financeiro da construção de escolas e transporte escolar.

UNIAFRO – Programa de Formação Continuada de Professores em Educação para o Ensino da História e Cultura Afro-brasileira e Africana e para a Educação Quilombola – tem por finalidade contribuir com a formação continuada de professores oferecendo cursos no nível de aperfeiçoamento e especialização, por meio da UAB (Universidade Aberta do Brasil), na modalidade à distância e pela RENAFOR (Rede Nacional de Formação Continuada de Professores na Educação Básica) no módulo presencial e semipresencial.

As práticas inclusivas listadas acima, são conquistas de direitos dos cidadãos brasileiros. Programas, projetos e órgãos que existem para promover uma educação inclusiva e de qualidade, espalhados pelo país, porém, como garantir que estão sendo cumpridos por todo o território brasileiro se nem sequer são conhecidos ou mencionados pela população, ou pelos governantes?

Não podemos nos prender a uma ilusão ou ideologia de que a educação é feita somente dentro de uma unidade escolar, a garantia e a qualidade da educação se dão, principalmente, quando elas ultrapassam as barreiras das paredes de uma unidade escolar. Como visto nas políticas acima, a educação inclusiva não é somente incluir pessoas com necessidades especiais dentro de uma sala de aula com alunos do ensino regular, a verdadeira inclusão acontece quando a educação alcança a todos os povos, independentemente de onde estejam e quais são as dificuldades presentes em sua comunidade. Assim como há espaço para estudantes com deficiência física e mental, também há programas e projetos para estudantes indígenas, quilombolas, pessoas em situação de vulnerabilidade, jovens, adultos e idosos que interromperam ou não tiveram estudos, educação em penitenciárias, além das formações dos profissionais da área da educação, saúde e assistência social.

Assim, podemos dizer que se começarmos a assumir a responsabilidade de pesquisar e procurar conhecer todos esses métodos de fazer a educação brasileira, é um passo para transformar inclusão em algo realmente palpável.

A educação inclusiva de qualidade se dá a partir do momento em que a sociedade começa a assumir a responsabilidade de acatar a escola como uma parte importante no processo da cidadania de um indivíduo, mostrando para que há espaço e lugar a ser preenchido por ele como cidadão.

A escola deve ser um espaço acolhedor e de estímulos, para desenvolver as habilidades individuais e coletivas de um grupo. Mas como fazer isso?

Quais são os meios para alcançar essa artimanha. A educação é um assunto amplo e complexo, ainda mais quando falamos que é direito de todos que residem no Brasil, precisa abraçar todas as causas, opiniões e subjetividades e, ao mesmo tempo, desenvolvê-las através das competências e habilidades necessárias para se viver em sociedade.

Um cenário escolar inclusivo ideal começa com:

Planejamento e infraestrutura: olhar o lugar pensando em todas as formas de acessibilidade estrutural e tecnológica. Rampas, elevadores, corrimãos, banheiros adaptados, mobília adaptada, espaços de aprendizagem, como bibliotecas, brinquedotecas, laboratórios, quadras poliesportivas, refeitório... todos bem estruturados e visando a acessibilidade para que os estudantes possam usufruir de tudo com autonomia.

Pedagogos e especialistas: pessoas que tenham responsabilidade, disposição e vontade, mas também que tenham reconhecimento, apoio e respeito pelo trabalho que exercem – decorrente da família, dos gestores, da sociedade e do governo.

Didática e Metodologia: pensar nos materiais didáticos que serão usados, nas estratégias, na forma que a didática escolar exerce a aprendizagem, seja tradicional, construtivista, socio interativa, entre outros.

Existem muitos métodos e materiais pedagógicos que permitem que os professores exerçam melhor o seu trabalho visando um resultado mais significativo. Em pleno século XXI temos que usar a tecnologia a favor da educação.

Funcionários colaboradores do ambiente escolar: a unidade também deve levar em consideração que a educação inclusiva, além de ter as equipes de limpeza e cozinha, precisam de profissionais da área da saúde para acompanhamento do desenvolvimento e bem estar dos estudantes, como enfermeiros, psicólogos, terapeutas e fonoaudiólogos, entre outros.

Participação da Família: a família é parte integrante da escola, a qual deve participar da vida escolar do filho. A escola, por sua vez, deve impor as regras a serem seguidas no ato da matrícula, assim como, as metodologias que regem o currículo da escola, e mostrar a importância do papel dos pais e responsáveis no processo de aprendizagem do filho, alertando sobre a participação de eventos, reuniões e até mesmo em trabalhos pedagógicos, avaliações e lições de casa (que é o momento em que pais e responsáveis mostram para seu filho que a escola é importante para eles também).

Apoio e Solicitação de programas de políticas inclusivas governamentais: há inúmeros órgãos, programas e projetos que assistem às escolas públicas e privadas na construção de um currículo inclusivo. Essas práticas devem ser conhecidas, divulgadas e usufruídas, tanto pelas escolas, como pela família e sociedade.

A escola inclusiva deve ser também inovadora, principalmente nas suas metodologias e didáticas. O cenário de uma sala de aula onde o professor está em pé em frente aos alunos, com o giz na mão e os estudantes sentados enfileirados, prontos para anotar o que está prestes a ser colocado na lousa, já está ultrapassado. É claro que cada instituição de ensino deve escolher o método que melhor se adapta, e em momento nenhum podemos julgar que um método é mais eficaz do que outro, uma vez que, cada aluno aprende de uma forma diferente. Mas podemos mesclar algumas práticas tradicionais com o que há de novo na educação.

Comunidade e bagagem cultural: ainda há que se pensar na comunidade em que a escola está inserida, a cultura que precisa ser respeitada, junto com as singularidades de cada ser que está em contexto escolar, sejam estudantes, funcionários e professores.

Podemos dizer que a partir de tantas leis governamentais que defendem a inclusão na escola, a realidade escolar deveria ser completamente diferente do que é hoje. Mas a teoria, infelizmente, ainda difere muito da realidade e ainda há um longo caminho a ser percorrido para que entendamos que uma vez fazendo parte da sociedade devemos exigir que todas as leis sejam exercidas, principalmente as que são voltadas para a educação e saúde.

Capítulo 7
FORMAÇÃO DE PROFESSORES PARA A EDUCAÇÃO INCLUSIVA

Sabemos que a formação profissional é a capacitação de um ser a assumir uma posição em sociedade capaz de colaborar para o desenvolvimento social, tendo em mente que suas ações geram responsabilidade perante outro cidadão, mesmo que seja indiretamente. Ou seja, toda ação gera uma reação.

Quando nos referimos aos profissionais de educação brasileira, há a mesma importância ou até um pouco mais para o espaço que esses profissionais ocupam, junto com as suas responsabilidades sobre a formação de outro ser.

Por muito tempo, o professor era visto como mestre, nas escolas das décadas passadas, era uma autoridade a nível máximo dentro de sua sala, o qual era visto por muitas vezes como "carrasco" ou "sagrado", mas em todos os codinomes era temido por aplicar castigos por vezes humilhantes.

Podemos dizer que os primeiros professores brasileiros foram os jesuítas, por volta de 1549, os padres chegaram no Brasil com o intuito religioso de educar os povos indígenas, ou seja, conversão. O padre José de Anchieta ganhou destaque na história da educação e do país por ser um nome importante no meio da pedagogia. A corte portuguesa também já frequentava escolas muito bem estruturadas em nosso país, porém com um ensino diferente, não apenas religioso, mas voltado para Letras.

O chefe da missão de educar índios na nova terra era de Manoel da Nóbrega, que na época, levando em consideração que o desafio maior seria o ensino da nova língua para o povo indígena, priorizou em sua escola o "ler e escrever" e depois dessa etapa, onde já estivessem alfabetizados, poderiam escolher, o que seria hoje, o ensino profissionalizante ou médio.

Jesuítas no Brasil Colônia – Imagem retirada da Web

Mesmo com uma diferença notória de ensino entre índios e os filhos dos colonos, o currículo escolar era baseado na mesma filosofia, "Ratio Studiorum" a metodologia usada na época, muito semelhante ao ensino tradicional, com memorizações, ditados e preleções, tendo disciplinas como, língua e literatura, geografia, filosofia, ciências naturais, história, lógica, matemática, poesia, além de disciplinas religiosas. Os padres professores praticavam gratificações (prêmios) aos bons alunos, assim também como castigos. O Ratio Studiorum foi uma metodologia usada por um pouco mais que dois séculos em nosso país.

A formação de professores do século XVIII já trazia modificações, o professor não precisava ser membro da igreja católica, mas deveria ter mais de 30 anos, uma conduta moral na sociedade e conhecer o que iria ensinar. A primeira instituição de preparação de professores em território nacional foi baseada no método Lancaster ou sistema monitorial, em 1820. Consistia em colocar o aluno mais "adiantado" a ensinar, sob a supervisão do professor, outros alunos, tornando-se mais tarde um novo professor. Esse método resolveu a falta de profissionais da educação no início do século XIX.

O método tradicional de ensino continuou durante todo o século XIX, advindo com muitas práticas do ensino jesuíta, o professor do ensino tradicional priorizava a ordem e o respeito, afinal era a autoridade máxima dentro da sala. Traz para as suas aulas um método de ensino expositivo, ou seja, apresenta o conteúdo e realiza exercícios de memorização do que está sendo ensinado, para assim conseguir relacionar o tema principal a subtemas que venham a aparecer. Geralmente o professor era rígido e priorizava a ordem em qualquer circunstância, seja na disposição das carteiras em sala de aula (enfileiradas), ou no material do aluno, onde ele deveria apresentar uma letra legível, um caderno limpo e bem organizado.

Assim, cabia a formação do professor do ensino tradicional a aplicar corretivos aos alunos que causassem desordem durante a aula, como a palmatória, o chapéu de burro e o ajoelhar-se no milho, para Alves (2013, p. 2):

> A pedagogia jesuítica pregava abertamente a necessidade de punições corporais para bem educar as crianças. Isso era posto em prática nas primeiras escolas e colégios brasileiros, e tais concepções pedagógicas estendiam-se ao âmbito da família, conformando um universo cultural de práticas e representações comuns àquele tempo histórico.

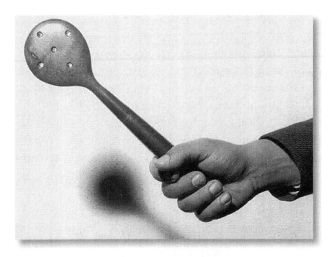

Palmatória – objeto utilizado para castigar alunos desordeiros, utilizado até o final do século XIX. (imagem retirada do site acervo.estado.com.br)

Com o fim do século XIX e início do século XX, surgiu a Escola Nova, que trouxe na proposta de ensino, colocar os interesses da criança como centro da aprendizagem e não mais o professor. Os castigos físicos já não eram permitidos e novos métodos pedagógicos começam a ser inseridos na Europa e na América. Em nosso país, muitos nomes importantes defendiam esse movimento, como Lourenço Filho (1897-1970), Anísio Teixeira (1900-1971) e Fernando de Azevedo (1894-1974), entre outros professores, pensadores, psicólogos e humanistas da época.

Lourenço Filho – imagem retirada do site http://inep80anos.inep.gov.br/inep80anos/passado/lourenco-filho-1938/141

Anísio Teixeira – imagem retirada do site https://guiadoestudante.abril.com.br/atualidades/anisio-teixeira-conheca-a-historia-do-criador-da-escola-publica-no-brasil/

Fernando de Azevedo – imagem retirada do site https://www.academia.org.br/academicos/fernando-de-azevedo/biografia

    A Escola Nova tinha como características a atenção a individualidade de cada criança, o respeito à diversidade, a valorização dos pensamentos e das experiências pessoais dos alunos, a reflexão e o pensamento crítico, além de transformar uma educação de qualidade em democrática, laica e gratuita. Os apoiadores do Manifesto dos Pioneiros da Educação acreditavam que o método tradicional utilizado não se adequava as necessidades brasileiras, afinal a escola pública deveria ser centrada na diminuição das diferenças sociais valorizando as aptidões dos estudantes.

    Mesmo perdendo força, devido a ditadura militar, a Escola Nova deixou resquícios de suas ideologias e abriu portas para novas metodologias. A formação de professores passou a ser exigida desde os anos iniciais, e mesmo com o autoritarismo, passou-se a entender que o processo de ensino se dava a partir da participação do aluno em sala de aula.

    Com o desenvolvimento do país, por volta do ano de 1940 a formação de professores passou a ter um investimento feminino, já que até o presente momento a grande maioria do corpo docente era formado por homens, pois em meio ao cenário machista não se acreditava que as mulheres eram capazes de exercer esse trabalho. Essa visão mudou, pois os homens encontraram espaço em oportunidades nas indústrias devido à expansão do capitalismo no país.

Em 1971, segundo a lei n° 5.692, modificou a estrutura de ensino, sob a necessidade de mão de obra, determinando que o primeiro grau passasse a ter oito anos e tivesse como objetivo a educação em geral, já o segundo grau se destinava ao ensino profissionalizante, levando o estudante a receber um certificado profissional ao final do último ano.

Assim, a formação de professores também foi modificada, para lecionar no primeiro grau, os professores deveriam ter o certificado de conclusão do segundo grau (no âmbito do magistério), já para lecionar em segundo grau, deveriam ter o ensino superior voltado para ciências humanas, exatas ou biológicas, como bacharéis em Matemática, Biologia, Letras, entre outras formações.

Em 1988, surgiu um projeto de formação especial para professores de primeiro grau, pela Secretaria de Educação de São Paulo, chamado CEFAMs (Centros Específicos de Formação e Aperfeiçoamento para o Magistério), uma instituição em período integral de quatro anos para obter o diploma de magistério. Porém, em 1996, a LDB trouxe o artigo 64, afirmando que:

> "A formação de docentes para atuar na educação básica far-se-á em nível superior, em curso de licenciatura, de graduação plena, em universidades e institutos superiores de educação, admitida, como formação mínima para o exercício do magistério na educação infantil e nas quatro primeiras séries do ensino fundamental, a oferecida em nível médio, na modalidade normal."

Em 4 de abril de 2006, o então ministro da Educação, Fernando Haddad homologou as novas diretrizes para o curso de pedagogia, habilitando a licenciatura para a educação infantil e os anos iniciais do ensino fundamental.

Hoje, essa formação de professores consiste no ensino superior de licenciatura em pedagogia ou em matérias específicas para exercer a função de professor nos anos finais do ensino fundamental e ensino médio, como Biologia, Letras, Matemática, Artes Visuais, Educação Física, Geografia, História, entre outros. Dentro da grade curricular dos cursos de licenciatura nos deparamos com disciplinas próprias de formação em sala e muitas que contribuem para a educação inclusiva que tanto queremos exercer no Brasil, principalmente no curso de Pedagogia, como Libras, Braille, Tecnologias Assistivas e Psicologia da Educação.

Há também, durante os anos de graduação, a menção sobre a BNCC (Base Nacional Comum Curricular) que é um documento muito importante para a educação brasileira que norteia os currículos escolares e os projetos políticos pedagógicos. Dentro deste documento, fácil de ser acessado pelas plataformas de pesquisas, por qualquer pessoa, seja da área educacional ou não, estão descritas as habilidades que o aluno precisa desenvolver de acordo com o ano letivo que está matriculado. A BNCC começou a ser elaborada em 2015, por 116 especialistas apontados pelas secretarias municipais e estaduais de educação. Durante sua construção, foram abertas consultas públicas, presenciais e *online*, para que houvesse uma participação da população na construção do documento, a contribuição, em sua maioria, foi feita por profissionais da educação. Em 2017, o Ministério da Educação (MEC), encaminhou a última versão do texto ao Conselho Nacional de Educação (CNE), sendo este órgão o responsável por instituir o documento nas unidades escolares.

Com a oficialização da BNCC, as redes de ensino, tanto públicas quanto privadas, tiveram e tem o desafio de implementar o documento em seu currículo. Ou seja, os gestores e professores utilizam o documento como base para nortear o desenvolvimento dos alunos e verificar muitas defasagens de ensino, através das habilidades descritas. O conhecimento da BNCC por professores e gestores de uma unidade escolar, mesmo que seja prévio, serve de apoio e cria uma linha raciocínio e ações de caminhos e possibilidades para que seja feito o trabalho de lecionar.

Essas habilidades tão mencionadas pela BNCC são ações práticas, cognitivas e socioemocionais que se desenvolvem junto com atitudes e valores a fim de resolver complexidades da vida cotidiana, englobando ações de cidadania contribuindo para a transformação de uma sociedade mais humana e socialmente justa. Isso se dá através do estudo das matérias que fazem parte da grade curricular de cada etapa de ensino, educação infantil, ensino fundamental (anos iniciais e finais) e ensino médio. Ou seja, os alunos desenvolvem essas habilidades através das matérias de Língua Portuguesa, Matemática, Artes, Educação Física, Geografia, História, entre outras, que trabalham tanto o estudo da matéria em si, como também assuntos transversais que se interligam ao que deve ser aprendido em determinada série.

Além das habilidades, há também as competências, essas por sua vez, estão ligadas aos conceitos e procedimentos que devem ser adquiridos e trabalhados durante os anos escolares, da educação infantil ao ensino médio.

Conhecimento

Valorizar e utilizar os conhecimentos historicamente construídos sobre o mundo físico, social, cultural e digital para entender e explicar a realidade, continuar aprendendo e colaborar para a construção de uma sociedade justa, democrática e inclusiva.

Pensamento Científico, Crítico E Criativo

Exercitar a curiosidade intelectual e recorrer à abordagem própria das ciências, incluindo a investigação, a reflexão, a análise crítica, a imaginação e a criatividade, para investigar causas, elaborar e testar hipóteses, formular e resolver problemas e criar soluções (inclusive tecnológicas) com base nos conhecimentos das diferentes áreas.

Repertório Cultural

Valorizar e fruir as diversas manifestações artísticas e culturais, das locais às mundiais, e também participar de práticas diversificadas da produção artístico-cultural.

Comunicação

Utilizar diferentes linguagens – verbal (oral ou visual-motora, como Libras, e escrita), corporal, visual, sonora e digital –, bem como conhecimentos das linguagens artística, matemática e científica, para se expressar e partilhar informações, experiências, ideias e sentimentos em diferentes contextos e produzir sentidos que levem ao entendimento mútuo.

Cultura Digital

Compreender, utilizar e criar tecnologias digitais de informação e comunicação de forma crítica, significativa, reflexiva e ética nas diversas práticas sociais (incluindo as escolares) para se comunicar, acessar e disseminar informações, produzir conhecimentos, resolver problemas e exercer protagonismo e autoria na vida pessoal e coletiva.

Trabalho e Projeto de Vida

Valorizar a diversidade de saberes e vivências culturais e apropriar-se de conhecimentos e experiências que lhe possibilitem entender as relações próprias do mundo do trabalho e fazer escolhas alinhadas ao exercício da cidadania e ao seu projeto de vida, com liberdade, autonomia, consciência crítica e responsabilidade.

Argumentação ou Autogestão

Argumentar com base em fatos, dados e informações confiáveis, para formular, negociar e defender ideias, pontos de vista e decisões comuns que respeitem e promovam os direitos humanos, a consciência socioambiental e o consumo responsável em âmbito local, regional e global, com posicionamento ético em relação ao cuidado de si mesmo, dos outros e do planeta.

Autoconhecimento e Autocuidado

Conhecer-se, apreciar-se e cuidar de sua saúde física e emocional, compreendendo-se na diversidade humana e reconhecendo suas emoções e as dos outros, com autocrítica e capacidade para lidar com elas.

Empatia e Cooperação

Exercitar a empatia, o diálogo, a resolução de conflitos e a cooperação, fazendo-se respeitar e promovendo o respeito ao outro e aos direitos humanos, com acolhimento e valorização da diversidade de indivíduos e de grupos sociais, seus saberes, identidades, culturas e potencialidades, sem preconceitos de qualquer natureza.

Responsabilidade e Cidadania

Agir pessoal e coletivamente com autonomia, responsabilidade, flexibilidade, resiliência e determinação, tomando decisões com base em princípios éticos, democráticos, inclusivos, sustentáveis e solidários.

São muito corriqueiras perguntas sobre a forma de ensino que o professor segue, entre métodos tradicionais, montessorianos, freireanos, construtivistas, e tantos outros, o professor que acaba de se formar se encontra perdido entre diferentes formas de se alcançar o mesmo objetivo. O fato de a unidade esclarecer o que é a BNCC e qual são as habilidades que os alunos devem desenvolver em uma determinada série, faz com que o professor também consiga se nortear e se aprofundar no que deve ser prioridade em sua sala de aula. Claro que modificações acontecem ao longo do ano, o que depende das defasagens presentes e das dificuldades de cada aluno. Mas o apoio dos gestores aos novos profissionais é de suma importância para que o trabalho seja bem feito.

A formação para professores, sendo pedagogos e especialistas, está sempre se modificando e acrescentando novas metodologias de ensino aprendizagem, isso se dá ao fato do país e do mundo estar em constante transformação. A todo momento a uma nova forma de transmitir o conhecimento e criar a relação professor-aluno. Com o início da pandemia, os professores tiveram que ter um novo domínio de técnica de ensino, as aulas *online* foram impostas e mostraram que o ensino deve ser sempre inovador.

Com tantas reformas educacionais permeando a história do Brasil, surgiram novos métodos de ensino que ganham a cada dia mais espaço devido ao avanço da tecnologia e as necessidades dos alunos que frequentam as escolas.

Sejam para escolas públicas ou privadas, o professor deve se adequar as necessidades de sua sala de aula, estando em constante aprendizado também, pois todos os anos os alunos mostram uma forma nova de aprender.

Método Tradicional

O método tradicional de ensino traz o professor como principal instrumento de conhecimento e responsável por transmitir ao aluno, este por sua vez, deve mostrar o conhecimento adquirido através de boas notas das avaliações ao longo do ano, atingindo a média estabelecida pela unidade escolar. Utiliza-se livros ou apostilas para aplicar o conteúdo. Essa forma de ensinar é um método muito utilizado nas escolas públicas do país, também prepara o aluno para provas tradicionais do nosso governo na forma de ingresso para o ensino superior, como o ENEM (Exame Nacional do Ensino Médio) e os vestibulares.

Método Construtivista

A metodologia construtivista é uma teoria de aprendizagem desenvolvida por Jean Piaget e parte do pressuposto que o aluno é um ser único e que pode e deve contribuir com os conhecimentos para adquirir a aprendizagem, ou seja, o professor deve provocar o senso crítico do aluno através dos conteúdos que serão trazidos para a sala de aula, incentivando a participação continua e efetiva. O aluno por sua vez, busca respostas para os questionamentos vivenciados em sala, desconstruindo a ideia de que a aprendizagem se dá somente dentro da unidade escolar, o contexto social se faz presente a todo momento e o professor se torna um mediador facilitando o progresso de cada aluno, entendendo que cada um aprende de uma forma e em um ritmo.

Metodologia Sociointeracionista

O método sociointeracionista, vem das ideias de aprendizagem de Lév Vygotsky que traz uma abordagem onde o aluno tem sempre algo a aprender e a ensinar, ou seja, um aprende com o outro. Acredita-se que a troca de experiências é fundamental na aprendizagem, pois além da interação há a prática de respeito à singularidade do outro. Esse método de aprendizagem faz com que o professor seja um mediador entre o processo de ensino, dando importância a bagagem cultural do aluno e mostrando que os conhecimentos prévios dos estudantes são importantes durante a aula, assim tornando uma participação efetiva do aluno.

Método Montessoriano

Método criado pela italiana Maria Montessori, traz a autonomia dos alunos para a sala de aula, pois os professores e a família são facilitadores do ensino-aprendizagem e disponibilizam para os alunos meios para despertarem o interesse da pesquisa e do estudo. Esses meios de interesse podem ser criados tanto em ambiente escolar, como em casa. Espaços que despertam a curiosidade para assim a criança e adolescente explorarem suas possibilidades e desenvolverem habilidades buscando o conhecimento. No método Montessoriano não há classes que separam os alunos por idade, mas sim salas mistas classificadas em quatro planos. O primeiro plano se inicia no nascimento e vai até os seis anos, fase chamada de "mente absorvente", absorve todos os aspectos, o ambiente, a linguagem e a cultura. Depois, dos seis aos doze anos, caracteriza pela fase "mente racional", explora o mundo através da imaginação e pensamento abstrato. O terceiro plano é chamado de "mente humanística", com a idade de doze aos dezoito anos, onde o aluno procura compreender a humanidade e contribuir em sociedade. O último plano caracteriza-se por explorar o mundo com a "mente especialista" encontrando um lugar na sociedade.

Método Waldorf

Sala de aula Montessoriana – imagem retirada do site https://www.divulgacaodinamica.pt/blog/que-e-o-metodo-montessori/

O centro do método Waldorf é a Antroposofia, ou seja, estuda o ser humano em seus aspectos físico, mental e espiritual, criado a partir das ideologias da educação de Rudolf Von Steiner que acreditava na formação de pessoas livres, criativas, responsáveis e sensíveis. Essa metodologia de ensino-aprendizagem traz uma sintonia com a natureza e o experimentar o contato com ela. O currículo escolas traz três fases de desenvolvimento, o primeiro começa ao nascer e vai até os sete anos, nessa fase as crianças desenvolvem a maturidade escolar, exploram o movimento corporal, a motricidade e estimulam a imaginação, o segundo está entre os sete e quatorze anos, valoriza o funcionamento psicoemocional, essa fase é chamada de maturidade social, por último compreende a faixa etária de quatorze a vinte e um anos, é a fase da maturidade social, o pensar lógico, conceitual e abstrato se faz presente para a base de formação da personalidade, dando ênfase na individualidade do aluno. O método ainda é novo no Brasil e traz concepções de formação do professor muito distintas de um ensino tradicional, o método de aprendizagem funciona considerando elementos como:

- Jogos, imaginação e brincadeiras – O professor estimula a imaginação através da contação de histórias e brinquedos inacabados.
- Estrutura e ordem – O professor orienta os alunos ao ambiente escolar, visando que há momentos de trabalho em conjunto e individuais, traz para o ambiente escolar atividades artísticas em geral.
- Desenvolvimento Social – O professor favorece o bom desempenho do grupo com o intuito de desenvolver uma consciência social.
- Desenvolvimento Intelectual – o professor trabalha através do pensamento criativo desenvolvendo o intelecto pouco a pouco e de forma integral.

Escola Waldorf Novalis – Piracaia/SP – imagem retirada do site
http://www.fewb.org.br/waldorf100.html

Existem muitos métodos de ensino-aprendizagem que vem tomando espaço em nosso país e no mundo. A formação profissional de professores nos segmentos de Educação infantil, Educação Fundamental e Ensino Médio traz possibilidades e diversifica como transformar o caminho até o conhecimento.

Tratando-se da Educação Inclusiva, todos os métodos podem ser trabalhados em sala de aula numa escola de ensino regular, o professor deve estar disposto a pesquisa e compreender que todo aluno, independentemente de ter ou não uma necessidade especial, precisa de atenção e esforço profissional para chegar até o conhecimento. É um trabalho em conjunto entre o professor e o aluno, que envolve a gestão escolar, a sociedade, o governo e a família.

Já faz parte da formação de pedagogos e especialistas o conhecimento das várias formas de metodologia de ensino, fazendo que o próprio professor crie e recrie seus métodos para o ensino aprendizagem. Não há uma forma certa de ensinar, há possibilidades de acertos e erros o que vai depender do desempenho do profissional da educação e consequentemente da disposição do aluno, o que independe da necessidade, defasagem ou dificuldade de aprendizagem.

A pessoa que se dispõe a se formar professor, deve ser consciente de que em vários momentos será a referência social dos alunos, e tratando-se de salas inclusivas deve saber o valor do senso crítico sobre as questões sociais, lembrando que a inclusão não é somente a educação especial dentro do ensino regular, mas orientar o respeito à diversidade e consequência de ações praticadas dentro e fora da unidade escolar. Cabe também a conduta do professor em não rotular nem subestimar seus alunos, se tornar um pesquisador em tempo integral, ofertando possibilidades para o desenvolvimento físico e cognitivo.

Quando falamos da importância da formação constante dos professores e gestores, podemos ressaltar que parte do trabalho escolar, tendo dentro da unidade de educação básica a educação especial, se volta a princípios da democracia ligados há liberdade, igualdade e dignidade. Todos os envolvidos na educação devem ser praticantes da verdadeira democracia. Alguns desses princípios devem ser:

NORMALIZAÇÃO – concede condições de vida aos portadores de necessidades especiais iguais às que são proporcionadas aos que não possuem deficiência, o que engloba não só a educação, mas tudo o que faz parte de uma vida social, a saúde, o transporte, o lazer.

INTEGRAÇÃO – Esse princípio nos remete que pessoas portadoras de necessidades especiais devem ter os mesmos direitos e deveres que o resto da população, com uma participação ativa a tudo o que faz parte de uma sociedade.

INDIVIDUALIZAÇÃO – É a valorização das diferenças individuais de cada pessoa enquanto cidadão, com direitos e deveres a serem respeitados e cumpridos para o avanço da sociedade. E em âmbito educacional, todos, independentemente de ter uma necessidade especial ou não, devem ter uma educação de qualidade e frequentar um espaço escolar que tenha o currículo e a estrutura adaptada às condições de seus alunos.

EFETIVIDADE NOS MODELOS DE ATENDIMENTO EDUCA-CIONAL – Se refere as ações da unidade escolar para garantir a qualidade de ensino a todos os estudantes, através da infraestrutura, metodologias educativas, material pedagógico e em recursos humanos.

LEGITIMIDADE – É o trabalho em conjunto da família, dos alunos e da escola na construção das políticas educacionais, como as adequações necessárias no Projeto Político Pedagógico.

Infelizmente a realidade da formação de profissionais da educação ainda precisa de muita melhoria, a grade curricular já abrange muitas políticas inclusivas, mas não prepara integralmente para a vivência em sala de aula, necessitando que o professor se especialize através de uma pós-graduação (*lato* ou *stricto sensu*) ou outra graduação mais específica para o que quer trabalhar. Um exemplo simples e claro é a implementação da matéria de Língua Brasileira de Sinais (LIBRAS), o professor cursa a matéria, mas não garante fluência na língua, assim, se for de seu interesse trabalhar com surdos, deve se especializar na área. Outro fator importante é a remuneração desses profissionais, há muitas reclamações sobre o salário de um professor, seja em escola pública ou particular. Mas um fator chave na transformação da sociedade seria a valorização desse profissional a nível social, lembrando que o professor não deve temido como nos séculos passados, mas precisa ser respeitado, é algo que todos falam há muito tempo, mas que não há ação governamental e nem social para que haja o respeito pela profissão.

> "O professor, sozinho, não faz a inclusão, a política, sozinha, não faz a inclusão, faz-se necessária uma série de ações imediatas às políticas inclusivas para que a inclusão de alunos com necessidades educacionais especiais ocorra no sistema regular de ensino e sob condições adequadas". (Formação de professores na educação inclusiva: diretrizes políticas e resultados de pesquisas – GLAT, R. – 2006 p. 13).

Dentre muitas formas do ensino-aprendizagem, foram criadas as metodologias ativas que são formas de alcançar o conhecimento, utilizadas porque a geração de hoje e as futuras estão ligadas diretamente ao mundo tecnológico, o fato de desmitificar que o aluno só aprende através da cópia e da memorização já é algo presente na sociedade e com o passar do tempo e desenvolvimento da sociedade existem infinitas possibilidades de aprender. As metodologias ativas estão relacionadas aos novos métodos de ensino, porém também podem ser implantadas no método tradicional, deixando que os alunos sejam protagonistas do ensino-aprendizagem.

Uma metodologia que está tomando força no século XXI, é a sala de aula invertida, onde o aluno orientado pelo professor, pesquisa o tema da aula em casa para depois compartilhar seus aprendizados em sala, junto com os colegas e o professor, que passa como mediador indagando os alunos sobre o conteúdo que está sendo trabalhado. A sala de aula invertida envolve muita pesquisa, leitura e tecnologia, para o professor e o aluno.

Há também a gamificação que proporciona o professor trabalhar diversos assuntos, principalmente os interdisciplinares, usando jogos tecnológicos ou não, para fazer assimilação do conteúdo estudado. Essa metodologia desperta o espírito de competitividade saudável entre os alunos e, ao mesmo tempo, momentos diferentes dos que estão acostumados a presenciar no dia a dia durante as aulas. Há várias plataformas que ajudam o professor com a gamificação e é uma forma de conseguir despertar o interesse e a curiosidade dos alunos.

A promoção de seminários e discussões também faz parte desse grupo, e envolve o pensamento crítico e, ao mesmo tempo, o respeito pelas opiniões divergentes em sociedade em diversas questões sociais. É uma forma muito valiosa de trabalhar a educação inclusiva no ensino regular.

Como as metodologias ativas favorecem o aprendizado

Fonte: https://novaescola.org.br/conteudo/11897/como-as-metodologias-ativas-favorecem-o-aprendizado.

O ensino híbrido, muito usado em 2020 e 2021 devido a pandemia, trouxe novas possibilidades de ensino aos professores e alunos. Mesmo sabendo que em nossa sociedade ainda existem pessoas que não tema cesso a internet, o ensino híbrido não precisa ser usado somente em aulas à distância, pois junto com outras metodologias, como a sala invertida, permitem que os alunos aprendam uns com os outros através da comunicação e da interação de vivências na sala de aula.

Para William Glasser (1925-2013), psiquiatra americano, trouxe a pirâmide da aprendizagem que ilustra a forma como aprendemos, segundo ele o professor deve ser um guia e não um chefe, sendo assim, a teoria da escolha nos faz pensar que o homem é um ser social e sua aprendizagem está ligada ao meio em que vive, as interações e ao compartilhamento de informações.

Pirâmide de William Glasser.

Fonte: www.borelliacademy.com.br/artigo/piramide-de-willian-glasser

Os professores devem estar em constante formação. A leitura e a pesquisa são partes importantes, tanto durante a graduação, como depois, no dia a dia em sala de aula. A pessoa que se dispõe a se tornar um profissional da educação deve estar atento às atualizações educacionais tanto quanto outras notícias mundiais, pois tudo pode ser assunto dentro da sala de aula.

Outro fator importante é a diversidade, que também faz parte de ações das práticas inclusivas. No entanto, quando se fala em diversidade, devemos abrir vários leques de possibilidades, e nos orientar a partir da comunidade que os alunos estão inseridos, saber da realidade do determinado grupo que frequenta a unidade escolar. Quem são os meus alunos? É uma pergunta que deve ser feita a todo momento, do planejamento no início do ano até o último dia de aula, essa tarefa permite que o professor crie uma ligação de acolhimento entre ele e os alunos.

Faz parte da formação profissional ser um verdadeiro mediador entre o conhecimento e a aprendizagem, o que faz com que o professor procure variadas formas de expor o tema da sua aula a fim de despertar a curiosidade dos seus alunos em buscar mais informações sobre o assunto. Por isso é tão importante que a pessoa enquanto professor não tenha nenhum tipo de pré-conceito sobre os assuntos mundanos e os gostos de seus alunos. Aqui, podemos nos referir há tantos profissionais da educação que buscam por medidas improváveis como paródias, teatros, caracterização de personagens fictícios e históricos, encenações, brincadeiras, dinâmicas, para que sua aula possa alcançar o objetivo.

Professores Portadores de Necessidades Especiais

Até aqui, vimos o que os professores devem fazer para que a sua aula seja inclusiva e que seus alunos caminhem pelo processo de ensino-aprendizagem, independentemente das dificuldades que cada um apresenta durante esse processo. Mas, como a sociedade, o governo e a escola agem ao se depararem com professores com deficiência? É possível seguir uma carreira profissional e lecionar em suas especialidades em escolas de ensino regular?

De acordo com o INEP (Instituto Nacional de Estudos e Pesquisas Educacionais Anísio Teixeira), dados do Censo Escolar e do Censo Escolar Superior, feitos em 2018, informam que dentre 2.610.897 professores, sendo 2.226.423 do ensino básico e 384.474 do ensino superior, apenas 8.366 tem algum tipo de deficiência, sendo 6.711 professores do ensino básico e 1.655 do ensino superior. O que equivale a 0,73% do total de professores do Brasil.

"Apesar do país ter tido alguns avanços na questão da inclusão de pessoas com deficiência no ensino, os números apresentados nos censos mostram que ainda uma séria exclusão na educação." (Luiz Conceição – Coordenador de Formação do Instituto Rodrigo Mendez – Entrevista ao jornal eletrônico da rede globo em 08 de fev. de 2020).

Há tantas preocupações em deter a exclusão e implementar uma educação inclusiva de qualidade nas escolas brasileiras, mas a representatividade de profissionais da educação é muito baixa em relação à expectativa que se tem em relação a escolas preparadas para abraçar a diversidade.

As políticas e práticas de inclusão dentro da escola, também devem ser voltadas e apropriadas pelos professores, gestores e demais funcionários. Afinal não é inclusão se só o corpo discente pode ter pessoas com necessidades especiais.

Os desafios do profissional da educação já começam com o sistema de avaliação dos vestibulares, incluindo o ENEM (Exame Nacional do Ensino Médio), pois considerando que essas provas são muito extensas e para alguns tipos de deficiência é necessário adaptações, o que nem sempre é atendido pela unidade de ensino superior que a aplica, além disso, quando o aluno ingressa na universidade, falta de acessibilidade nas salas e nas aulas durante o período das licenciaturas. Assim como as escolas de ensino básico, nem todas as universidades, das redes pública e privadas, estão aptas a receber graduandos portadores de necessidades especiais. A infraestrutura e os recursos pedagógicos, assim como o corpo docente em universidades precisam percorrer um longo caminho para chegar à inclusão dos graduandos que tem o desejo de um dia serem os professores.

Além dos desafios enfrentados durante a graduação, os professores com deficiência tendem a ter dificuldades no mercado de trabalho, muitas vezes são subestimados por causa das suas deficiências, sendo questionados pela capacidade de estar a frente de uma sala de aula.

A prática inclusiva do profissional da educação deve ser tão importante quanto a dos alunos, porém, ainda é uma realidade distante da que temos hoje em nosso país. Pois a falta de investimento para adaptações dos professores é tão precária quanto ao que é oferecido ao corpo discente dentro das escolas regulares. A verdade é que a figura de professores portadores de necessidades especiais dentro de uma sala de aula, seja de escolas de ensino regular ou especializadas em educação especial, coopera para o término de práticas de discriminação e preconceitos tanto na comunidade escolar quanto na sociedade, além de servir de exemplo de superação para os alunos.

Capítulo 8
ESCOLAS MODELOS NO BRASIL

Mesmo com um longo caminho a percorrer até chegar a uma educação ideal inclusiva, o Brasil tem escolas que se esforçam para proporcionar o ensino-aprendizagem aos seus alunos, ofertando uma educação de qualidade e superando os desafios da realidade brasileira. Essas escolas variam entre públicas e privadas e algumas ainda são voltadas somente para a educação especial, e ainda assim, mesmo com a sociedade rotulando como forma de segregação, continuam a exercer um trabalho diferenciado e fundamental às pessoas com necessidades especiais. Mesmo com várias leis promulgado a educação inclusiva nas classes de ensino regular, essas escolas especializadas não deixaram de existir, de acordo com o censo escolar, a pesquisa publicada no site do MEC (Ministério da Educação), informa que em 2019 havia 1.762 escolas em território nacional especializadas somente em educação especial, sendo 272 da rede pública e 1.490 da rede privada, representando apenas 1% do total de escolas de educação básica no Brasil.

As Escolas de Educação Especial em nosso país ainda são mantidas, pois é a garantia que as crianças, jovens e adultos portadores de necessidades especiais tenham um desenvolvimento educacional necessário e voltado para o que precisam. A maior parte das escolas regulares do Brasil não estão preparadas para receber os alunos que necessitam da educação especial. Há muito ainda há se trabalhar em todas as estruturas educacionais, tanto do corpo docente, onde falta preparação, formação e apoio, o currículo pedagógico e material de ensino, onde faltam recursos e verba, como a infraestrutura que muitas vezes é feito "as coxas" para mascarar uma inclusão que não existe. Fora a estrutura escolar a também de se trabalhar as ações dos professores, gestores, funcionário e os demais alunos, a discriminação das partes envolvidas ainda é muito grande, mesmo que as escolas trabalhem com projetos e eventos que envolvam a diversidade, ainda é algo que acontece com frequência.

Além disso, as práticas que envolvem uma educação especial dentro de uma unidade especializada em determinada deficiência, traz efetividade no ensino e proporciona aos alunos atividades que não teriam em uma escola, principalmente pública, de ensino regular. É claro que não podemos generalizar e dizer que nenhuma escola regular do Brasil tem capacidade de ofertar a educação inclusiva, mas realmente são poucas que fazem esse trabalho.

Institutos, Associações e Escolas Especializadas na Educação Especial

AMA – Associação de Amigos do Autista – Fundada em 8 de agosto de 1983 por um grupo de pais em uma época que não havia nenhum tratamento de autismo no Brasil. Sendo a primeira Associação de Autismo no país, trabalha promovendo técnicas de atendimento especializado para o desenvolvimento físico e cognitivo e garantindo os direitos às pessoas com autismo. Segundo o site ama.org.br/site/ama/metodologia/

"A metodologia utilizada para compor o "Sistema Educacional e de Tratamento da AMA", foi organizada pelo CCA – Centro de Conhecimento da AMA, que reuniu o que há de melhor nos dois métodos, somados a importantes contribuições de outras disciplinas e teorias, como os fundamentos do Ensino Montessoriano. A premissa básica é a padronização do trabalho, para facilitar a capacitação dos profissionais e a comparação científica dos resultados."

A associação oferece o atendimento totalmente gratuito conveniada com a Secretaria de Educação e da Saúde de São Paulo, mas mesmo assim arrecadam doações para que possam cobrir os gastos e investimentos necessários como o material pedagógico, alimentos e a manutenção dos equipamentos.

NAEE – Núcleo de Atendimentos e Ensino Especial – Localizada no Rio de Janeiro, a escola NAEE é uma instituição de ensino fundamental com Atendimento Educacional Especializado, onde faz adaptações no currículo escolar para se adequar as necessidades de cada aluno. A escola ainda conta com disciplinas extracurriculares e terapias, e tem como missão *"promover independência pessoal e integração de Pessoas com Necessidades Especiais à Sociedade." (trecho extraído do site naee.com.br/).*

ICB – Instituto de Cegos da Bahia – O Instituto de Cegos da Bahia é uma organização sem fins lucrativos que teve sua primeira sede fundada em abril de 1933, com o intuito de amparar deficientes visuais e suas famílias que vivam nas ruas de Salvador. Em 1937, surgiu a primeira escola que preparava alunos cegos até o 5º ano do antigo curso primário. Em 1959, foi criado um novo prédio com a proposta de atender crianças e adolescentes com deficiência visual da Bahia e Sergipe, tendo como mentora Dorina Nowill, criadora da Fundação do Livro do Cego e incentivadora na integração de deficientes visuais em escolas regulares. Hoje o Instituto atende gratuitamente a todos através dos Centros:

- Centro de Intervenção Precoce – CIP
- Centro de Tecnologia da Informação – CETIN
- Centro de Educação Complementar – CEC
- Centro de Apoio Terapêutico – CAT
- Centro Médico Oftalmológico – CMO

ICB – Instituto de Cegos da Bahia – imagem retirada do site https://acebqualifica.org.br/instituto-de-cegos-da-bahia-leva-luz-a-criancas-e-adultos/

APAE – Associação de Pais e Amigos dos Excepcionais – A associação foi criada no Rio de Janeiro em 1954, com o intuito de promover o atendimento integral à pessoa com deficiência intelectual e múltipla, hoje está presente em mais de 2 mil municípios brasileiros.

A APAE trabalha em prol não só da educação, mas da saúde, capacitação, proteção, autogestão e assistência social de crianças, jovens e adultos, garantindo direitos a cerca de 250 mil pessoas portadoras de deficiência mental e múltipla.

Faz parte da metodologia da Associação, a promoção de grandes eventos como olimpíadas, festivais de arte, fóruns e congressos. Também promove a UNIAPAE que oferece cursos de formação continuada a profissionais que trabalham com pessoas com deficiência.

APAE Búzios/RJ – imagem retirada do site http://apae-buzios.blogspot.com/2019/05/festival-nossa-arte.html

APAE Montes Claros/MG – imagem retirada do site https://www.ica.ufmg.br/?noticias=alunos-da-apae-participam-de-oficinas-no--campus-da-ufmg-em-montes-claros

Escola Estadual Alfredo Paulino – A Escola Estadual Alfredo Paulino, localizada na Zona Oeste da cidade de São Paulo se tornou uma escola exemplo no quesito educação inclusiva. É uma escola de ensino regular que a princípio não tinha infraestrutura para ser uma escola inclusiva, mas através do diretor conseguiu transformar essa realidade. A escola virou notícia em 2005 por, na época ter 400 alunos, sendo 99 portadores de deficiência física ou mental. O diretor Paulo de Tarso Semeghini, trabalhou muito para mudar a escola como um todo *"Começamos com uma mudança no quadro docente. Apresentei minhas propostas para os professores e aconselhei os mais resistentes a pedirem transferência para outras escolas"* (fala do diretor em uma entrevista ao portal aprendiz).

Em 2021, a atual diretora, Rasangela de Lima Yarshell, mostrou que mentem a qualidade escolar, garantido muita visibilidade e sendo exemplo de escola pública não só para a cidade de São Paulo, mas também para o estado e para o Brasil.

Biblioteca da EE Alfredo Paulino – imagem retirada do site http://www.fde.sp.gov.br

Brinquedoteca da EE Alfredo Paulino – imagem retirada do site http://www.fde.sp.gov.br

Colégio Estadual Coronel Pilar – O Colégio estadual Coronel Pilar, localizado na cidade de Santa Maria/RS, é uma das principais escolas de referência no ensino inclusivo do país. A princípio a escola possuía 2 salas especiais, em 1993 e no ano seguinte os gestores e professores começaram o processo de integração desses alunos nas salas de ensino regular. Aos poucos a escola foi adequando o currículo escolar as necessidades dos alunos. A unidade ainda conta com o AEE – Atendimento Educacional Especializado, onde um profissional da educação trabalha as necessidades básicas de cada aluno portador de deficiência. *"É um momento de aprendizagem, de conversa onde estabelecemos vínculos com os estudantes e compreendemos melhor como está sendo a dinâmica deles na sala de aula, nas suas relações pessoais e familiares e isso ajuda no processo pedagógico"*, afirma a professora Bernadete Santini Viero.

Visita do Colégio Estadual Coronel Pilar a Exposição Memória na Pista – imagem retirada do site https://fonte.ufsm.br/index.php/2019-016-025-dag

EREF Evandro Ferreira dos Santos – A Escola de Referência em Ensino Fundamental Evandro Ferreira dos Santos, está localizada em Cabrobó/PE. Atualmente foi indicada ao prêmio World Best School Prize (Prêmio Melhores Escolas do Mundo), na categoria Overcoming Adversity (Superando as Adversidades), sendo a única escola a representar o Brasil nesta categoria. A escola trabalha práticas que integram a família na escola, além de promover uma educação inclusiva e de qualidade. Além de trabalhar a inclusão, agora as escolas devem dar enfase no trabalho da empatia, da tolerância e das emoções dos alunos, o que reflete diretamente no desenvolvimento de ensino aprendizagem de cada um.

A proposta da Escola de Ensino Fundamental Evandro Ferreira dos Santos, em Cabrobó, é melhorar a educação de seus alunos dando o passo inovador de ensinar seus pais – foto: reprodução/facebook

A partir do conhecimento de algumas práticas educativas de escolas, associações e institutos percebemos que mesmo a educação sendo uma questão social ainda precária no país, há locais fazendo a diferença para muitas famílias. A maioria já perpetua um longo caminho de persistência em suas ideologias em prol de promover não só a educação, mas também uma assistência social aos alunos e famílias.

Nos anos de 2020 e 2021, com o avanço da pandemia, a dificuldade maior de uma educação inclusiva era o de não deixar nenhum aluno para trás, como afirma Rodrigo Mendes:

> "... é evidente que o desafio de não deixar ninguém para trás ganha outra dimensão diante das óbvias limitações desse modelo quanto à interação social e a construção de vínculos afetivos. Simplesmente disponibilizar uma série de aulas em vídeo na internet e esperar que

todos aprendam é o caminho certo para a exclusão de muitos. Quer dizer, o ensino a distância não pode ser visto como uma resposta definitiva, mas como um complemento ao conjunto de experiências presenciais desfrutadas pelo aluno no cotidiano escolar." (Rodrigo Mendes, abril/2020).

Hoje, principalmente após o ápice da pandemia de 2020 e 2021, vivemos um cenário delicado na educação. Como é possível afirmar, as Políticas e Práticas de Inclusão não se tratam somente de pessoas com deficiência, mas também reflete a todos que por algum motivo, seja de cunho social, familiar, gênero ou raça, não está tendo uma aprendizagem efetiva. Sendo assim, a escola deve estar atenta a todas as necessidades apresentadas dentro de sua unidade.

Devido há muitas mudanças na educação nos últimos dois anos, criou-se uma defasagem de ensino por vários motivos, dentre eles estão:

- Evasão Escolar – De acordo com a pesquisa da Datafolha, divulgada em janeiro de 2021, quatro milhões de estudantes brasileiros, entre 6 e 34 anos, abandoaram os estudos em 2020, tendo como uma das principais causas a questão socioeconômica, assim podemos entender que as classes sociais mais baixas lideram os índices da evasão.
- Falta de acesso à internet – Devido a pandemia, praticamente todas as escolas optaram pelas aulas *online*, o que cooperou para que muitos estudantes ficassem sem frequentar as aulas, pois não tinham acesso à internet, segundo a pesquisa do IBGE em abril de 2021, referindo-se a rede pública, 4,1 milhões de estudantes não tinham nenhum meio de acessar a internet.

Além dos problemas sociais, há também o problema da distorção idade-série, que significa que os conhecimentos do aluno não correspondem à sua série escolar. A dificuldade em aprender se tornou muito mais visível após os anos de 2020 e 2021, o que fez com que os professores repensassem novamente na forma de ensinar. As unidades escolares brasileiras, se reinventaram para continuar o trabalho educacional.

Para todos nós, que fazemos parte da sociedade brasileira, devemos sempre pensar em benefício de nós mesmos, uma que vez que "nós" sejam "todos".

REFERÊNCIAS

A Importância da Educação Especial e sua Inclusão" em Só Pedagogia. Virtuous Tecnologia da Informação, 2008-2022. Disponível em <https://www.pedagogia.com.br/artigos/educacaoespecialinclusao/index.php?pagina=2>. Acesso em 20 de jun. de 2022.

AS principais consequências da pandemia na educação. Instituto Alicerce. Cenário Educacional. São Paulo, 14 de jan. de 2022. Disponível em <https://blog.institutoalicerceedu.org.br/universo-instituto-alicerce/cenario-educacional/as-principais-consequencias-da-pandemia-na-educacao/?gclid=CjwKCA-jwhVBhB8EiwAjFEPGTDYLsBwBjgOf0RRflmIhpuuQe-xB2DGQV_btH0n-7NhTDi6tea5inRoCmpoQAvD_BwE>. Acesso em 21 de jun. de 2022.

ASSOCIAÇÃO amigos do autista. História. Disponível em <https://www.ama.org.br/site/ama/historia/>. Acesso em 22 de jun. de 2022.

BRASIL, Ministério da Educação e Cultura. Educação em Prisões. Decreto nº 7.626/2011, 24 de nov. de 2011. Disponível em < http://portal.mec.gov.br/index.php?option=com_content&view=article&id=17460>. Acesso em 20 de abr. de 2022.

BRASIL, Ministério da Educação e Cultura. Plano Educacional Individualizado – NAPNE. Instituto Federal de Educação, Ciência e Tecnologia de São Paulo. Sorocaba. Disponível em < https://sor.ifsp.edu.br/index.php/ultimos/87-artigos-arquivados/655-plano-educacional-individualizado-napne>. Acesso em 20 de abr. de 2022.

BRASIL, Ministério da Educação e Cultura. Política Nacional de educação Especial na Perspectiva da Educação Inclusiva. MEC/SEESP, documento elaborado pelo Grupo de Trabalho nomeado pela Portaria Ministerial nº555, de 5 de jun. de 2007, prorrogada pela Portaria nº 948, de 09 de out. de 2007. Disponível em <http://portal.mec.gov.br/seesp/arquivos/pdf/politica.pdf>. Acesso em 17 de jun. de 2022.

BRASIL, Ministério da Educação e Cultura. Programa Brasil Alfabetizado. Decreto nº 6.093/07, jul. de 2007. Disponível em < http://portal.mec.gov.br/index. php?option=com_content&view=article&id=17457>. Acesso em 20 de abr. de 2022.

BRASIL, Ministério da Educação e Cultura. Programa de Apoio à Formação Superior e Licenciaturas Interculturais Indígenas – PROLIND. Convenção 169 da OIT. Disponível em < http://portal.mec.gov.br/index.php?option=com_content&view=article&id=17445>. Acesso em 20 de abr. de 2022.

BRASIL, Ministério da Educação e Cultura. Programa de Formação Continuada de Professores em Educação para o Ensino da História e Cultura Afro-brasileira e Africana e para Educação Quilombola. Lei 10.639/2003. Disponível em < http://portal.mec.gov.br/index.php?option=com_content&view=article&id=17447>. Acesso em 20 de abr. de 2022.

BRASIL, Ministério da Educação e Cultura. Projeto Escola que protege, 22 de ago. de 2015. Disponível em < http://portal.mec.gov.br/index.php?option=com_content&view=article&id=17453>. Acesso em 20 de abr. de 2022.

BRASIL, Ministério da Educação e Cultura. Territórios Etnoeducacionais – TEEs. Decreto nº 6.861, 27 de maio de 2019. Disponível em < http://portal.mec.gov.br/index.php?option=com_content&view=article&id=17449>. Acesso em 20 de abr. de 2022.

BRASIL, Ministério da Educação. A educação especial em números. Publicado em 10 de fev. de 2021, atualizado em 11 de fev. de 2021. Disponível em <https://www.gov.br/mec/pt-br/centrais-de-conteudo/publicacoes/pnee-2020/dados-do-censo-escolar-do-inep-2019-podem-subsidiar-analises>. Acesso em 17 de jun. de 2022.

BRASIL. Ministério da Educação. Base Nacional Comum Curricular. Brasília, 2018.

BRASIL. Ministério de Educação e Cultura. LDB – Lei nº 9.394/96 de 20 de dezembro de 1996. Estabelece as diretrizes e bases da educação nacional. Brasília, MEC, 1996.

BRASIL. Política Nacional de Educação Especial na perspectiva da Educação Inclusiva. Documento elaborado pelo grupo de trabalho nomeado pela portaria nº 55/2007, prorrogado pela portaria nº 948/2007, entregue ao Ministro da Educação em 07 de janeiro de 2008. Brasília, 2008.

CABROBÓ, Governo do Município. EREF Evandro Ferreira dos Santos, de Cabrobó, é finalista de prêmio internacional entre as melhores escolas do mundo. Educação. Cabrobó, 10 de jun. de 2022. Disponível em <https://cabrobo. pe.gov.br/eref-evandro-ferreira-dos-santos-de-cabrobo-e-finalista-de-premio-internacional-entre-as-melhores-escolas-do-mundo/>. Acesso em 23 de jun. de 2022.

CAVALCANTE, Meire. As leis sobre diversidade. Nova Escola. Jornalismo. São Paulo, 1 de out. de 2006. Disponível em < https://novaescola.org.br/conteudo/189/leis-diversidade-legislacao>. Acesso em 12 de abr. De 2022.

COMISSÃO aprova projeto que limita o número de alunos em sala de aula. Agência Câmara de Notícias. Educação Cultura e Esportes, Brasília, 21 de out. de 2021. Disponível em < https://www.camara.leg.br/noticias/818991-comissao--aprova-projeto-que-limita-o-numero-de-alunos-em-sala-de-aula/>. Acesso em 10 de mai. de 2022.

COSTA, Denise Ferreira da; MACIEL, Solange Mantanher da Costa; MIGUEL, Eliana Alves; OLIVEIRA, Maria Ferreira da Silva; TUCHINKI, Carla Maria Fernandes; WALTER, Juliana Costa. Educação Inclusiva: Breve Contexto Histórico das Mudanças de paradigmas. Semana Acadêmica, Fortaleza, 30 de nov. de 2017. Disponível em <https://semanaacademica.org.br/search/node/Educa%C3%A7%C3%A3o%20Inclusiva>. Acesso em 13 de mar. de 2022.

CRIANÇAS de 6 a 10 anos são as mais afetadas pela exclusão escolar na pandemia, alertam UNICEF e Cenpec Educação. Unicef, Brasília, 29 de abr. de 2021. Comunicado de imprensa. Disponível em < https://www.unicef.org/brazil/comunicados-de-imprensa/criancas-de-6-10-anos-sao-mais-afetadas--pela-exclusao-escolar-na-pandemia>. Acesso em 16 de abr. de 2022.

FÁVERO, Eugênia Augusta Gonzaga. Direitos das Pessoas com Deficiência. Rio de Janeiro: Wva, 2004.

GLAT, R. et al. Formação de professores na educação inclusiva: diretrizes políticas e resultados de pesquisas. 2006.

INES. O que fazemos. Ines. Institucional, Brasil, 25 de out. de 2019. Disponível em < https://www.ines.gov.br/o-que-fazemos/43-institucional>. Acesso em 30 de abr. de 2022.

INSTITUTO de cegos da Bahia. A história. Institucional. Disponível em <http://www.institutodecegosdabahia.org.br/institucional/historia/#teste>. Acesso em 22 de jun. de 2022.

LEFEVRE, Ana Maria Cavalcanti; CAMARGO, Ana Maria Faccioli; LEFEVRE, Fernando. A escola e suas transform(ações) a partir da educação especial na perspectiva inclusiva. Campinas: Librum, 2014.

LOURENÇO FILHO, M. B. Introducção ao estudo da Escola Nova. São Paulo: Cia. Melhoramentos, 1930 (Bibliotheca da Educação, v. XI).

MANZINI, Eduardo José; SANTOS, Maria Carmem Fidalgo. Portal de ajudas técnicas para educação. Brasília: MEC: SEESP, 2002.

MARANHÃO, Yuri. Constituição de 1988 garantiu uma série de direitos inéditos. Gazeta do Povo. Justiça. São Paulo, 23 de set. de 2018. Disponível em < https://www.gazetadopovo.com.br/justica/constituicao-de-1988-garantiu-de--forma-inedita-uma-serie-de-direitos-a5yl9tj3tpbruniu59oxb81wv/>. Acesso em 15 de mar. de 2022.

MENEZES, Ebenezer Takuno de. Verbete CAP (Centro de Apoio Pedagógico para Atendimento às Pessoas com Deficiência Visual). Dicionário Interativo da Educação Brasileira – EducaBrasil. São Paulo: Midiamix Editora, 2001. Disponível em <https://www.educabrasil.com.br/cap-centro-de-apoio-peda-gogico-para-atendimento-as-pessoas-com-deficiencia-visual/>. Acesso em 1 de jun. de 2022.

MENEZES, Ebenezer Takuno de. Verbete pedagogia tradicional. Dicionário Interativo da Educação Brasileira – EducaBrasil. São Paulo: Midiamix Editora, 2001. Disponível em <https://www.educabrasil.com.br/pedagogia-tradicio-nal/>. Acesso em 12 de jun. 2022.

MONTESSORI, M. A criança. Trad. Luiz Horácio da Matta. São Paulo: Editora Círculo do Livro, s/d.

PAIVA, J. M. Educação jesuítica no Brasil colonial. In: LOPES, E. M. T.; FARIA FILHO, L. M; VEIGA, C. G. (Orgs.). 500 anos de educação no Brasil. Belo Horizonte: Autêntica, 2007.

PAIVA, Thais. O que falta para a escola brasileira praticar a educação inclusiva. Educação integral, São Paulo, 11 de set. de 2018. Reportagens. Disponível em <https://educacaointegral.org.br/reportagens/o-que-falta-para-a-escola-bra-sileira-praticar-a-educacao-inclusiva/>. Acesso em 15 de mar. de 2022.

PNAD educação 2019: mais da metade das pessoas de 25 anos ou mais não completaram o ensino médio. Agência de Notícias, Rio de Janeiro, 16 de jul. de 2020. Releases. Disponível em <https://agenciadenoticias.ibge.gov.br/agen-

cia-sala-de-imprensa/2013-agencia-de-noticias/releases/28285-pnad-educacao-2019-mais-da-metade-das-pessoas-de-25-anos-ou-mais-nao-completaram-o-ensino-medio>. Acesso em 16 de abr. de 2022.

PNEE política nacional de educação especial. Ministério da Educação, Brasília, 2020. Disponível em < https://www.gov.br/mec/pt-br/assuntos/noticias_1/mec-lanca-documento-sobre-implementacao-da-pnee-1/pnee-2020.pdf>. Acesso em 19 de abr. de 2022.

SÁ, Elizabet Dias de; CAMPOS, Izilda Maria de; SILVA, Myriam Beatriz Campolina. Atendimento Educacional Especializado. Brasília, SEESP/ SEED/ MEC, 2017.

SANTOS, Guilherme Alexandre. Os desafios da educação inclusiva na rede pública de ensino. Educapes, Sergipe, 27 de set. de 2020. Disponível em < http://educapes.capes.gov.br/handle/capes/575784>. Acesso em 12 de abr. de 2022.

SILVA, L. N. da. Inclusão escolar: dificuldades e desafios da inclusão nas series iniciais em uma escola pública. Editora Realize, 2014.

SILVA, Otto Marques da. A Epopeia Ignorada: A pessoa deficiente na História do Mundo de Ontem e de Hoje. São Paulo: Cedas, 1987.

SOUSA, J. M. Os jesuítas e a Ratio Studiorum: as raízes da formação de professores na Madeira. Islenha, v. 32, p. 26-46, 2003.

TECNOLOGIA assistiva: conceitos, recursos e cursos fundamentais. Educamundo. Indústria e tecnologia. Ouro Preto, 16 de mai. de 2018. Disponível em < https://www.educamundo.com.br/blog/curso-online-tecnologia-assistiva>. Acesso em 14 de abr. de 2022.